Jerry Bridges

Lebensstil: Gottseligkeit

„Die Gottseligkeit ist zu allen Dingen nütze, weil sie die Verheißung des Lebens hat, des jetzigen und des zukünftigen."

1. Timotheus 4,8

FRANCKE
Verlag der Francke-Buchhandlung GmbH

Der Verfasser

Jerry Bridges ist Vizepräsident für organisatorische Angelegenheiten bei den Navigatoren. Davor war er als Kassier der Navigatoren sowie im Außendienst in Kalifornien, Missouri und Holland tätig. Er hat ein Bakkalaureat der Naturwissenschaften von der Universität Oklahoma inne und ist ein ehemaliger Marineoffizier der U.S. Navy.

Jerry Bridges lebt mit seiner Frau Eleanor und seinen beiden Kindern Kathy und Dan in Colorado Springs.

Er ist u.a. der Autor des Buches: *Lebensstil: Heiligung* (Verlag der Francke-Buchhandlung GmbH 1981).

Dieses Buch entstand in Zusammenarbeit mit den Navigatoren. Die Navigatoren sind eine überkonfessionelle Organisation. In Matthäus 28, 19 gibt Jesus seinen Jüngern den Auftrag, in die Welt zu gehen und Jünger heranzubilden.

Die Navigatoren haben das Ziel, bei der Erfüllung dieses Auftrages mitzuhelfen, indem sie in allen Völkern Arbeiter für Christus zurüsten. Die verschiedenen Materialveröffentlichungen der Navigatoren sind als Hilfe für das geistliche Wachstum von Gläubigen gedacht.

Anschrift: Die Navigatoren
Seufertstr. 5
5300 Bonn 2

CIP-Titelaufnahme der Deutschen Bibliothek

Bridges, Jerry:
Lebensstil: Gottseligkeit / Jerry Bridges. [Dt. von Navigatoren]. – Marburg an der Lahn : Francke, 1991
   (TELOS-Bücher ; Nr. 643 : TELOS-Taschenbuch)
   ISBN 3-88224-871-8
NE: GT

Alle Rechte vorbehalten
Originaltitel: The Practice of Godliness
© 1983 by Jerry Bridges
Published by Navpress, Colorado Springs, USA
© der deutschsprachigen Ausgabe
1990 by Verlag der Francke-Buchhandlung GbmH
3550 Marburg an der Lahn
Deutsch von den Navigatoren
Umschlaggestaltung: Herybert Kassühlke
Herstellung: St.-Johannis-Druckerei, Lahr

TELOS-Taschenbuch Nr. 643

Inhalt

Vorwort

Dieses Buch versteht sich als Weiterführung des Werkes *Lebensstil: Heiligung*. Paulus ermahnt uns in Epheser 4,20-24, den alten Menschen abzulegen und den neuen anzuziehen. In *Lebensstil: Heiligung* ging es vor allem darum, den alten Menschen abzulegen und mit der Sünde richtig umzugehen. *Lebensstil: Gottseligkeit* befaßt sich mit dem neuen Menschen, eben damit, in der Gottseligkeit zu wachsen.

Die bekannteste Aufzählung christlicher Wesenszüge finden wir in Galater 5,22, weithin unter dem Begriff „neunfache Frucht des Geistes" bekannt. Ähnliche Listen stehen auch in Kolosser 3,12-16; Epheser 4,2-3.32; Jakobus 3,17 und 2. Petrus 1,5-7. Die meisten dieser Eigenschaften behandle ich in den folgenden Studien.

Als ich mit den vorliegenden Bibelarbeiten begann, fiel mir der Begriff „Gottseligkeit" auf. Nach gründlichem Studium kam ich zu dem Schluß, kein Werk über christliche Wesenszüge könne ohne diesen Begriff vollständig sein.

Gottseligkeit ist mehr als bloß christlicher Charakter. Sie umfaßt unser ganzes Christsein und bildet das feste Fundament des neuen Menschen. Darum behandeln die ersten vier Kapitel die Gottseligkeit im allgemeinen, bevor wir uns den einzelnen Eigenschaften des gottseligen Menschen zuwenden.

Die Reihenfolge der Kapitel ist durchaus beabsichtigt. Die ersten vier Eigenschaften: Demut, Zufriedenheit, Dankbarkeit und Freude, sind vor allem für unsere Beziehung zu Gott wesentlich. In den nächsten drei Kapiteln: Heiligkeit, Selbstbeherrschung und Treue, sind wir dazu aufgerufen, unnachgiebig zu uns selbst zu sein. Die letzten sechs Eigenschaften: Friede, Langmut, Milde, Güte, Hilfsbereitschaft und Liebe, führen uns in den freundlichen und nachsichtigen Umgang mit anderen Menschen. Darin wird der scheinbare Zwiespalt sichtbar, in dem der Christ steht: unnachgiebig zu sich selbst zu sein, doch freundlich zu anderen. Nur der Heilige Geist kann diese wunderbare Mischung aus Unnachgiebigkeit und Freundlichkeit in einem Menschen hervorbringen.

Die Vielzahl der behandelten Themen erfordert natürlich äußerste Kürze. Die einzelnen Kapitel können höchstens die Bedeutung der jeweiligen Wesenszüge herausstellen und praktische Anregungen zu ihrer Weiterentwicklung bieten. Hoffentlich werden viele Leser Gedankenanstöße für ein intensives Studium der einen oder anderen Eigenschaft erhalten.

Während meiner Arbeit mußte ich mit Erstaunen feststellen, wie wenig zu diesem Thema bisher geschrieben wurde. Oft hatte ich Neuland vor mir, ich konnte auf keine Vorarbeit früherer Generationen zurückgreifen. Als Rechtfertigung dieser Veröffentlichung kann ich nur ein dreißigjähriges persönliches Bibelstudium anhand allgemein zugänglicher Methoden und Quellen bieten.

Der Gedanke an die Drucklegung dieser Arbeit erweckt in mir ein eigentümlich flaues Gefühl, Jakobus 3,1 kommt mir dabei in den Sinn: „Werdet nicht viele Lehrer, meine Brüder, da ihr wißt, daß wir ein schwereres Urteil empfangen werden". Ich weiß nur allzu gut, wie weit ich in vielen Bereichen noch vom Ziel entfernt bin. Möge der Verfasser, zusammen mit den Lesern, in gelebter Hingabe wachsen!

Dieses Buch ist nicht zum Lesen, sondern zum Studieren gedacht. Darum habe ich ein Begleitheft zum Studium vorbereitet. Obwohl das Buch in sich vollständig ist, werden seine einzelnen Wahrheiten anhand des Begleitheftes wesentlich erhellt und verdeutlicht.

1

Zu allen Dingen nützlich

Denn die leibliche Übung ist zu wenigem nütze,
die Gottseligkeit aber ist zu allen Dingen nütze,
weil sie die Verheißung des Lebens hat,
des jetzigen und des zukünftigen.
1. Timotheus 4,8

Man kann einem Christen kein größeres Kompliment machen, als ihn gottselig zu nennen. Er mag ein gewissenhafter Vater sein, ein eifriger Gemeindearbeiter, ein dynamischer Prediger oder eine begabte Führerpersönlichkeit; gut und schön, doch ohne Gottseligkeit wäre alles nutzlos.

Die Ausdrücke *gottselig* und *Gottseligkeit* kommen im Neuen Testament nur selten vor; trotzdem handelt die ganze Bibel davon. Wo diese Wörter stehen, sind sie besonders aussagekräftig und zutiefst lehrreich.

Als Paulus die Quintessenz des Christseins in einen kurzen Absatz packen wollte, sprach er von Gottseligkeit. Die Gnade Gottes „unterweist uns, damit wir die *Gottlosigkeit* und die weltlichen Lüste verleugnen und besonnen und gerecht und gottesfürchtig (wörtlich *gottselig*) leben" in der Erwartung unseres Herrn Jesus Christus (Titus 2,11-13). Paulus sah seinen Auftrag darin, den Glauben der Auserwählten zu fördern und ihre Erkenntnis der Wahrheit zu mehren, die der *Gottseligkeit* gemäß ist (Titus 1,1).

Besonders häufig begegnen wir diesem Ausdruck im ersten Timotheusbrief. Wir sollen für alle Mächtigen beten, damit wir ruhig und still in aller *Gottseligkeit* und Ehrbarkeit leben können, ja, sogar „üben" sollen wir uns in der Gottseligkeit. Paulus fordert uns direkt dazu auf, nach der *Gottseligkeit* zu *streben*, was nichts anderes als unablässige, unermüdliche Arbeit heißt. *Gottseligkeit* mit Genügsamkeit ist großer Gewinn; ja *Gottseligkeit* ist zu allen Dingen nütze und hat die Verheißung dieses und des zukünftigen Lebens.

Angesichts des Tages des Herrn, an dem die Erde und alles Leben auf ihr vernichtet wird, wirft Petrus die Frage auf, welche Leute wir dann sein müssen. Die Antwort sieht er in „heiligem Wandel und *Gottseligkeit*" (2. Petrus 3,10-12). Im Gedenken an das weitreichendste geschichtliche Ereignis hält er uns die Pflicht des Christen vor, heilig und *gottselig* zu leben.

Darum ist Gottseligkeit kein geistlicher Luxus für überfromme Christen vergangener Jahrhunderte und ein paar Superheilige unserer Tage. Es ist das Vorrecht und die Verantwortung aller Christen, danach zu streben, sich in ihr zu üben und sie mit allem Eifer auszuleben. Dazu brauchen wir keine besondere Begabung oder Ausbildung. Gott hat jedem von uns „alles zum Leben und zur Gottseligkeit geschenkt" (2. Petrus 1,3). Der allergewöhnlichste Durchschnittschrist hat alles, was er dazu benötigt und der begabteste Superchrist muß auf dieselben Grundlagen zurückgreifen.

Nur: Was ist Gottseligkeit? Was macht einen gottseligen Menschen aus? Wie wird man gottselig? Diese Frage habe ich einer Anzahl von Christen gestellt: „Was fällt Ihnen ein, wenn Sie Gottseligkeit hören?" Die Antworten waren uneinheitlich, betonten aber alle das Wesen des Christen, etwa „gottähnlich", „christusgleich" und „Frucht des Geistes." Ganz sicherlich beinhaltet Gottseligkeit den christlichen Charakter, sie ist aber mehr als das. Sie bildet das Fundament, auf das ein geistlicher Charakter gegründet ist.

Gelebte Hingabe

Gleich auf ihren ersten Seiten zeigt uns die Bibel eine
wesentliche Wahrheit über Gottseligkeit. In 1. Mose 5,21-24
lesen wir von Henoch, dem Vater Metuschelachs. In seiner
knappen Biographie bezeichnet ihn Mose zweimal als einen
Mann, der „mit Gott wandelte." Der Verfasser des
Hebräerbriefes verleiht Henoch einen Platz unter den
„Glaubenshelden" der Schrift, sieht ihn jedoch aus dem leicht
veränderten Blickwinkel eines Menschen, der „Gott
wohlgefallen" hat (Hebräer 11,5). Das ist von entscheidender
Bedeutung: Henoch wandelte mit Gott und Henoch gefiel
Gott wohl. So zeigt sich, wie Henochs Leben gottzentriert
war, ihn zum Mittelpunkt und Leitstern hatte, zum
Brennpunkt seines ganzen Daseins.

Henoch wandelte mit Gott, er lebte in einer Beziehung zu
Gott und er gefiel Gott. Das heißt, er lebte in Hingabe an
Gott. Das ist Gottseligkeit. Das neutestamentliche Wort für
Gottseligkeit bedeutet eigentlich eine persönliche Einstellung
zu Gott, die zu gottgefälligen Taten führt.[1] Diese Einstellung
zu Gott nennen wir gewöhnlich Hingabe, besser *gelebte
Hingabe*. Sie ist nicht ein warmes und angenehmes Gefühl
über Gott, wie es uns beim Singen eines altehrwürdigen
Chorals oder eines modernen Lobliedes ergreifen mag. Sie ist
ein wesensbestimmendes Element des Christseins.

Gottzentriert leben

Hingabe ist keine Handlung, sondern eine Einstellung zu
Gott. Sie besteht aus drei wesentlichen Elementen:

- Furcht Gottes
- Liebe Gottes
- Sehnsucht nach Gott

Diese drei Elemente werden wir im nächsten Kapitel
eingehender durchnehmen. Einstweilen genüge es uns zu
wissen, alle drei sind gottzentriert. *Gelebte Gottseligkeit ist
eine Übung und Disziplinierung hin zur völligen Ausrichtung
auf Gott.* Aus dieser Grundausrichtung ersteht das
gottgewollte Wesen und Handeln, das wir gewöhnlich für die

Gottseligkeit halten. Allzuoft versuchen wir, christliches Wesen und Handeln ohne Hingabe auszuleben. Wir versuchen, Gott zu gefallen, ohne uns die Zeit zu nehmen, mit ihm zu wandeln und eine Beziehung zu ihm aufzubauen. Dabei sind wir allerdings zum Scheitern verurteilt.

Zur Verdeutlichung mögen die von William Law formulierten Anforderungen eines gottgefälligen Lebensstils dienen. Law verwendet das Wort *Hingabe* im weiteren Sinn für alle zur Gottseligkeit gehörigen Einstellungen und Handlungen:

> Ein hingegebenes Leben ist ein Leben, das Gott gehört. Hingegeben ist, wer nicht mehr nach seinem eigenen Willen lebt, noch im Geiste der Welt, sondern einzig und allein nach Gottes Willen. Er bedenkt in allem Gott, dient in allem Gott, unterstellt sein Alltagsleben gänzlich dem Streben nach Frömmigkeit (Gottseligkeit), indem er alles im Namen Gottes und im Einklang mit seiner Herrlichkeit tut.[2]

Wie umfassend ist Laws Frömmigkeitsbegriff in diesem Zitat! Nichts ist ausgeschlossen. Gott steht im Zentrum aller Gedanken. Die banalsten Aufgaben werden im Angesicht der Herrlichkeit Gottes vollzogen. Wie Paulus an die Korinther schreibt: „Ob ihr nun eßt oder trinkt oder sonst etwas tut, tut alles zur Ehre Gottes" (1. Korinther 10,31).

Es liegt auf der Hand, diese Gottzentriertheit kann unmöglich ohne volle Hingabe erzielt werden. Losgelöst von einer starken Beziehung zum lebendigen Gott würde diese kompromißlose Lebensweihe bald rechthaberisch und gesetzlich sein. Gottes Gebote sind nicht schwer, schreibt Johannes; ein gottseliges Leben ist nicht zermürbend, alles aber ist nur möglich in der völligen Hingabe an Gott.

Das Wesen des Christen entsteht nur durch die Hingabe an Gott. Hingabe ist der einzige Beweggrund für Verhaltensweisen, die Gott gefallen.

Dieser Beweggrund unterscheidet Gottseligkeit von bloßer Aufrichtigkeit, Humanismus und Eifer. Der Gottselige ist aufrichtig, wohlmeinend und eifrig, weil er Gott hingegeben ist. Sein Leben ist von Gott geprägt und erhält dadurch eine völlig neue Dimension.

Leider fehlt diese Ausstrahlung vielen Christen. Sie mögen begabt und umgänglich sein oder mit vollem Einsatz im Werk des Herrn stehen oder ihren Dienst mit großem Erfolg versehen, dennoch fehlt es an Gottseligkeit. Warum? Es fehlt die Hingabe! Sie mögen sich einem Traum verschrieben haben, einem Werk oder ihrem eigenen christlichen Ruf, nicht aber Gott.

Gottseligkeit ist mehr als geistliches Wesen: Sie ist geistliches Wesen aufgrund totaler Hingabe an Gott. Und Hingabe führt *unausweichlich* zu gottseligem Wesen. Im nächsten Kapitel werden wir die drei Hauptelemente der Hingabe näher behandeln, um zu sehen, wie sie alle und jedes einzelne von ihnen zu einem gottgefälligen Leben führen müssen. Unsere Definition von Gottseligkeit lautet daher: *Hingabe an Gott, die zu einem gottgefälligen Leben führt.*

Hingabe ist das Thema der ersten Kapitel dieses Buches. Was ist Hingabe und warum führt sie zu gottgefälligen Wesenszügen? Anschließend werden wir uns den einzelnen Charaktermerkmalen des Christen zuwenden, doch dürfen wir die Grundlage der Hingabe nicht aus den Augen verlieren, die Quelle des geistlichen Wesens. Alle anderen Fundamente sind unzulänglich.

Anmerkungen

1. In Vine: *Expository Dictionary of New Testament Words* wird Gottseligkeit folgendermaßen definiert: „Frömmigkeit, die aufgrund einer gottzentrierten Lebenshaltung den Willen Gottes erfüllt" (Nashville, Tenn.: Royal Publishers, ohne Dat., S. 492). Nach J. C. Connell ist Gottseligkeit eine persönliche Einstellung zu Gott und die Handlungen, die sich unmittelbar daraus ergeben (*New Bible Dictionary*, London: Inter-Varsity Fellowship 1962, S. 480).

2. William Law: *A Serious Call To a Devout and Holy Life* (Grand Rapids, Mich.: Sovereign Grace Publishers 1971), S. 1

2

Das Wesen der Hingabe

Wer sollte nicht fürchten, Herr,
und verherrlichen deinen Namen?
Denn du allein bist heilig;
denn alle Nationen werden kommen
und vor dir anbeten,
weil deine gerechten Taten
offenbar geworden sind.
Offenbarung 15,4

Henoch wandelte mit Gott und fand Gottes Wohlgefallen. Sein Wandel mit Gott bedeutet seine Beziehung zu Gott und seine Hingabe an ihn. Gottes Wohlgefallen meint das Verhalten, das er aufgrund dieser Beziehung pflegte. Wer sich nicht auf das Fundament seiner Hingabe stützen kann, vermag niemals christliche Verhaltensweisen an den Tag zu legen. Tätige Gottseligkeit ist vor allem die Pflege einer Beziehung zu Gott und daraus entsteht ein gottgefälliges Leben. <u>Unser Gottesbild und unsere Beziehung zu Gott bestimmen wesentlich unser Verhalten.</u>

Die drei Hauptelemente der Hingabe erwähnten wir schon: Furcht Gottes, Liebe Gottes und Sehnsucht nach Gott. Stellen wir sie als die Spitzen eines Dreiecks dar:

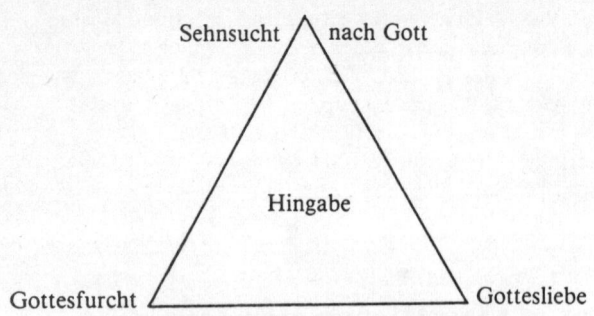

Gottesfurcht und Gottesliebe sind die Basis des Dreiecks, die Sehnsucht nach Gott ist seine Spitze. Im folgenden werden wir sehen, wie Furcht und Liebe die Grundlage wahrer Hingabe bilden, während die Sehnsucht nach Gott der höchste Ausdruck dieser Hingabe ist.

Der gottesfürchtige Christ

Der verstorbene Professor John Murray hat gesagt: „Gottesfurcht ist der Kern der Gottseligkeit."[1] Doch vielen modernen Christen erscheint der Gedanke der Gottesfurcht altmodisch und überlebt. Einst hieß ein ernsthafter Gläubiger ein „gottesfürchtiger Mensch." Heute berührt uns eine solche Bezeichnung eher peinlich. Ist Gottesfurcht nicht ein alttestamentlicher Begriff, der durch die Offenbarung der Liebe Gottes in Christus veraltet ist? Vollkommene Liebe vertreibt die Furcht, sagt Johannes (1. Johannes 4,18).

Zweifelsohne nimmt der Gedanke der Gottesfurcht im Alten Testament wesentlich mehr Raum ein als im Neuen, diese Tatsache schafft ihn aber noch längst nicht ab. Nach der Verheißung wird im Neuen Bund die Furcht des Herrn ins Herz aller Gläubigen gepflanzt. Gott sagt in Jeremia 32,40: „Und ich werde einen ewigen Bund mit ihnen schließen, daß ich mich nicht von ihnen abwende, ihnen Gutes zu tun. Und ich werde *meine Furcht* in ihr Herz legen, damit sie nicht von mir abweichen."

„Von besonderer Bedeutung ist", so John Murray, „wie die Furcht des Herrn in der neutestamentlichen Gemeinde mit dem Trost des Heiligen Geistes einhergeht: 'So ... wandelte (die Gemeinde) in der Furcht des Herrn und mehrte sich durch den Trost des Heiligen Geistes' (Apg 9,31)."[2] Paulus wie Petrus führen die Furcht des Herrn als Beweggrund für ein heiliges und gerechtes Leben an.[3] Sollten immer noch Zweifel verbleiben, muß das Beispiel Jesu diese ausräumen, von welchem Jesaja sagt: „Und er wird Wohlgefallen haben an der Furcht des HERRN" (11,3). Weil Jesus während seines Erdenwandels Gefallen an der Gottesfurcht fand, dürfen wir diese Einstellung in unserem Leben keinesfalls vernachlässigen, doch vielleicht gründet sich die Ablehnung des Ausdrucks „Gottesfurcht" auf ein Fehlverständnis. „Gottesfurcht" bedeutet in der Bibel sowohl angstvolles Erschauern als auch Ehrfurcht, Verherrlichung und Anbetung. Angstvolles Erschauern vor Gott entstammt dem Wissen um Gottes baldiges Gericht. Nach seiner Sünde verbarg sich Adam vor Gott, denn er hatte erbärmliche Angst. Diese Art der Gottesfurcht sollte jeden Unerlösten packen, der täglich unter dem Zorn Gottes lebt, aber als letzte Anklage wirft Paulus der gottlosen Menschheit vor: „Es ist keine Furcht Gottes vor ihren Augen" (Römer 3,18).

Der Christ ist von dieser Furcht befreit (siehe 1. Johannes 4,18), dennoch steht er seines sündigen Verhaltens wegen weiterhin unter Gottes *Züchtigung*. Darum lebt auch er in der Gottesfurcht und bewirkt sein Heil mit Furcht und Zittern (Philipper 2,12); er lebt als Fremdling in heiliger Furcht (1. Petrus 1,17).

Doch liegt die Hauptbedeutung der Gottesfurcht für den Gläubigen in Anbetung und Ehre, Ehrfurcht und Staunen. Diese Gottesfurcht bezeichnet Murray als den Kern der Gottseligkeit. Sie ist eine Herzenshaltung der Anbetung und Liebe, Verehrung und Achtung und entzündet sich nicht an Gottes Zorn, sondern an seiner machtvollen Hoheit, seiner Heiligkeit und übersinnlichen Herrlichkeit. Sie ähnelt der Ehrfurcht des gewöhnlichen, gesetzestreuen Staatsbürgers in der unmittelbaren Gegenwart des Königs, obzwar diese Achtung vor einem irdischen Machthaber nur ein schwacher

Widerschein unserer Ehrfurcht vor Gott, dem gepriesenen Allherrscher, dem König der Könige und Herrn der Herren, sein kann.

Die Engelwesen in der Jesajavision (Kapitel 6) zeigen diese Ehrfurcht, indem sie in der Gegenwart des erhöhten Herrn ihr Gesicht mit zwei Flügeln bedecken. Jesaja selbst empfindet im Beisein des heiligen Gottes dasselbe Erschauern, Petrus ebenfalls. Am vielsagendsten ist jedoch die Reaktion des geliebten Jüngers Johannes in Offenbarung 1,17, als er seinen Meister in himmlischer Herrlichkeit und Macht sieht und wie tot zu seinen Füßen niederfällt.

Hingabe ist nur möglich, wenn das Herz von Gottesfurcht erfüllt ist. Diese tiefe Empfindung der Achtung, Ehrfurcht und des Staunens führt unser Herz in Verherrlichung und Anbetung. Der ehrfürchtige, gottselige Christ sieht Gott zuerst in seiner übersinnlichen Herrlichkeit, Macht und Heiligkeit, bevor er über seine Liebe, Gnade und Barmherzigkeit staunt:

Das Gotteskind lebt in einem gesunden Spannungsverhältnis zwischen ehrfürchtigem Staunen über Gottes Herrlichkeit und kindlichem Vertrauen zum himmlischen Vater. Ohne diese Spannung gleitet der Kindesglaube eines Christen zu Kumpelhaftigkeit ab.

Eine der schwerwiegendsten Sünden des modernen Christen mag die ehrfurchtslose Vertrautheit sein, mit der wir zu Gott beten. Diese Kameradschaftlichkeit finden wir in der Bibel nirgends. Dort wird Gott immer die gebührende Achtung entgegengebracht. Derselbe Autor, der uns auffordert, mit Zuversicht in das Allerheiligste, den Thronsaal Gottes, einzutreten, befiehlt uns ebenso, Gott mit gebührender Scheu und Furcht anzubeten, denn „unser Gott ist ein verzehrendes Feuer" (Hebräer 10,19 und 12,28-29). Derselbe Paulus, der aufgrund des innewohnenden Geistes „Abba, Vater" ruft, sieht Gott in einem „unzugänglichen Licht" (Römer 8,15 und 1. Timotheus 6,16).

Gerade heutzutage müssen wir eine ehrfürchtige und scheue Haltung vor Gott wiedergewinnen. Wir müssen uns seine unendliche Hoheit vorhalten, die allein dem Schöpfer und Erhalter des Universums zukommt. Eine himmelhohe Kluft trennt den Schöpfergott von seinen Menschenkindern, obwohl der Mensch im Bilde Gottes geschaffen ist. Gottesfurcht ist die Antwort des Herzens auf diese Kluft, nicht zur Abwertung des Menschen, sondern zur Erhöhung Gottes.

Sogar die Erlösten im Himmel fürchten den Herrn. In Offenbarung 15,3-4 singen sie voll Jubel das Lied des Gottesknechtes Mose und das Lied des Lammes:

> Groß und wunderbar sind deine Werke,
> Herr, Gott, Allmächtiger!
> Gerecht und wahrhaftig sind deine Wege,
> o König der Nationen!
> Wer sollte nicht fürchten, Herr,
> und verherrlichen deinen Namen?
> Denn du allein bist heilig;
> denn alle Nationen werden kommen
> und vor dir anbeten,
> weil deine gerechten Taten
> offenbar geworden sind.

Dieser Lobpreis knüpft an Gottes Macht, Gerechtigkeit und Heiligkeit an. Jene hoheitsvollen Eigenschaften müssen unser Herz in Staunen versetzen, dasselbe Staunen, das auch die Kinder Israel nach dem Machterweis Gottes gegen die Ägypter erfaßte (2. Mose 14,31): „da fürchtete das Volk den HERRN, und sie glaubten an den HERRN und an seinen Knecht Mose." Mit Mose sangen sie ein Lob- und Danklied, dessen Kernaussage in 15,11 steht: „Wer ist dir gleich unter den Göttern, o `HERR! Wer ist dir gleich, so herrlich in Heiligkeit, furchtbar an Ruhmestaten, Wunder tuend!" Gottesfurcht ist das Bekenntnis seiner Einzigartigkeit, seiner Hoheit, Heiligkeit, Ehre, Herrlichkeit und Macht.

Die unendliche Herrlichkeit Gottes in der Bibel läßt sich nicht in Worte fassen, selbst in der Schrift sehen wir nur einen schwachen und verschwommenen Abglanz dieser Macht. Eines Tages aber werden wir von Angesicht zu Angesicht sehen, um ihn dann im Vollsinn des Wortes zu fürchten. Angesichts jenes Tages ermahnt uns Petrus, bereits jetzt heilig und gottselig zu leben. Gott will uns für den Himmel vorbereiten, damit wir in Ewigkeit bei ihm wohnen. Er will unser Wachstum in Heiligkeit und Gottseligkeit, denn wir sollen sein wie er, um ihn zu verherrlichen und anzubeten. Das müssen wir hier und jetzt lernen.

Wir haben Gottes Liebe zu stark betont, um noch Furcht vor ihm zu empfinden. Damit entehren wir Gott und zollen ihm nicht die gebührende Achtung. Preisen sollen wir Gottes Liebe, jedoch dürfen wir über der Freude an seiner Gnade und Barmherzigkeit die Majestät und Heiligkeit seines Wesens nicht vergessen.

Eine rechte gottesfürchtige Haltung wird uns nicht nur in die wahre Anbetung führen, sondern auch unser Verhalten verändern. John Murray meint dazu: „Was oder wen wir anbeten, bestimmt unser Verhalten."[4] Pastor Albert N. Martin faßt die Bestandteile der Gottesfurcht folgendermaßen zusammen: (1) die rechte Vorstellung vom Wesen Gottes; (2) das umfassende Empfinden der Gegenwart Gottes und (3) das bleibende Wissen um unsere Pflichten vor Gott.[5] Wer Gottes unendliche Heiligkeit und seinen Haß für alle Sünde auch nur ungefähr erahnt, wer von seiner Gegenwart in all unserem Tun und Denken weiß, dessen Gottesfurcht muß Auswirkungen auf sein Verhalten zeitigen. Wie Gehorsam zeigt, ob wir Gott lieben, so beweist er auch unsere Gottesfurcht. „Fürchte den HERRN alle Tage deines Lebens, um all seine Ordnungen und seine Gebote zu bewahren..." (5. Mose 6,2).

In 3. Mose 19 finden wir eine Sammlung von Gesetzen und Verordnungen für das Volk Israel im Gelobten Land. Aus diesem Kapitel zitiert Jesus das wohlbekannte zweite Liebesgebot „Liebe deinen Nächsten wie dich selbst" (V. 18; vgl. Matthäus 22,39). Die Wendungen „Ich bin der HERR" und „Ich bin der HERR, dein Gott" kommen in diesem Kapitel 16mal vor. Durch die oftmalige Wiederholung seines Bundesnamens erinnert der Herr sein Volk daran, wie ihre Einhaltung seiner Gesetze und Verordnungen aus einer ehrfurchtsvollen Scheu vor ihm rühren muß.

Gottesfurcht ist der erste und wichtigste Beweggrund für Gehorsam. Wer Gott wirklich ehrt, wird ihm gehorchen, denn jeder Ungehorsam stellt sich seiner Würde und Majestät entgegen.

Von Gottes Liebe gepackt

Nur der gottesfürchtige Christ kann die Liebe Gottes gebührend schätzen. Er kennt die unendliche Kluft zwischen dem heiligen Gott und dem sündigen Geschöpf und weiß um die Liebe, die diese Kluft durch den Tod des Herrn Jesus Christus überbrückt hat. Gottes Liebe ist vielschichtig, doch ihren höchsten Ausdruck findet sie im Kreuzestod seines Sohnes für unsere Sünden. Alle anderen Facetten seiner Liebe sind zweitrangig und werden erst durch Christi Tod möglich.

Der Apostel Johannes sagt: „Gott ist Liebe" (1. Johannes 4,8). Und weiter: „Hierin ist die Liebe Gottes zu uns geoffenbart worden, daß Gott seinen eingeborenen Sohn in die Welt gesandt hat, damit wir durch ihn leben möchten. Hierin ist die Liebe: nicht daß wir Gott geliebt haben, sondern daß er uns geliebt und seinen Sohn gesandt hat als eine Sühnung für unsere Sünden" (1. Johannes 4,9-10). „Sühnung" bedeutet die Abwendung seines Zornes von uns.

Der Gottselige weiß um den heiligen und gerechten Zorn Gottes, der einst auf ihm ruhte. Er vergißt nicht Jesu Kreuzestod zur Rettung der Sünder und mit Paulus fühlt er sich als der schlimmste aller Sünder. Doch als völlige Sühnung sieht er Jesus am Kreuz. Er trug unsere Missetat am eigenen Leib. Hier kam der Zorn Gottes voll und ganz zum Tragen, jener Zorn, den der Sünder verdient hat und nicht der heilige Sohn Gottes. Auf Golgatha wird die Liebe Gottes in ihrer ganzen Dimension erkennbar.

Abseits von Golgatha wäre Gottes Liebe bedeutungslos, abseits des heiligen und gerechten Zornes Gottes wäre Golgatha nichtig. Jesus starb nicht, um uns ein ruhiges und erfülltes Leben zu sichern, nein, er mußte sein Leben lassen, um uns vom Zorn Gottes zu erlösen, uns mit einem heiligen Gott zu versöhnen, der uns durch Sünde entfremdet war. Er starb, um die Menschen von der Sündenstrafe, der ewigen Vernichtung und Gottferne, freizukaufen. Er starb, damit wir

Kinder des Gotteszorns durch seine Gnade Gotteserben und Miterben mit ihm wurden.

Unsere Wertschätzung der Liebe Gottes hängt unauflöslich mit der Tiefe unserer Gottesfurcht zusammen. Je intensiver wir Gottes unendliche Majestät, Heiligkeit und übersinnliche Herrlichkeit erkennen, desto stärker werden wir des Wunders seiner Liebe auf Golgatha gewahr. Und je tiefer wir in Christus seine Liebe zu uns empfinden, desto größer wird unsere staunende Ehrfurcht vor ihm. Wir müssen Gott in der Herrlichkeit all seiner Eigenschaften erkennen, seiner Güte wie auch seiner Heiligkeit, um ihm die gebührende Furcht und Scheu zu zollen. Der Psalmist kleidet das in die folgenden Worte: „Wenn du, Jah, die Sünden anrechnest, Herr, wer wird bestehen? Doch bei dir ist die Vergebung, damit man dich fürchte" (Psalm 130,3-4). Aufgrund seiner vergebenden Gnade gebühren Gott Ehrfurcht und Verherrlichung. Darum müssen Gottesfurcht und tiefe Erkenntnis der Liebe Gottes Hand in Hand weiterwachsen. Diese beiden Elemente bilden das Fundament unserer Hingabe an Gott.

Vor allem müssen wir Gottes Liebe in Christus *persönlich* erkennen, damit sie fester Eckstein unseres „Hingebungs-Dreiecks" werden kann. Es ist nicht genug zu wissen, Gott liebt die ganze Welt. Ich muß von Gottes Liebe zu *mir* gepackt sein. Weiß ich erst um Gottes persönliche Liebe, kann ich mich ihm mit vollem Herzen weihen.

Zu Anfang meines Christseins war mein Wissen um Gottes Liebe nichts als eine logische Ableitung: „Gott liebt die Welt; ich gehöre zur Welt, darum liebt mich Gott. Seine Liebe war wie ein großer Schirm, der sein Sündengericht von uns abhält und zusammen mit tausenden stand ich unter diesem Schirm. Seine Liebe galt mir nicht persönlich. Doch eines Tages ging mir auf: „Gott liebt *mich*! Christus starb für *mich*!"

Unser Bewußtsein um Gottes Liebe muß unablässig zunehmen. Je reifer wir als Christen werden, desto mehr wissen wir von Gottes Heiligkeit und unserem sündigen Wesen. In seinem ersten Brief an Timotheus blickt Paulus auf

Gottes Gnade zurück, als er ihn in den Dienst am Evangelium berief. Einst war er ein Gotteslästerer, Verfolger und Gewalttäter. Jetzt war es anders; Paulus schreibt in der Vergangenheit. Im Nachdenken über Gottes Gnade jedoch rutscht er fast unmerklich in die Gegenwart: „Jesus Christus ist in die Welt gekommen, Sünder zu erretten, von denen ich der erste bin" (1. Timotheus 1,15). Plötzlich spricht er nicht mehr von seinen vergangenen Verfolgungen, er sieht sein gegenwärtiges Leben in der Nachfolge, das nicht an Gottes Willen herankommt. Er verschwendet keinen Gedanken an andere Christen, die in ihrer Hingabe an Gott und in ihrem Charakter weit hinter ihm zurückblieben. Für Paulus ist es müßiges Bemühen, sich im Vergleich mit weniger reifen Christen selbst auf die Schulter zu klopfen. Er vergleicht sich einzig mit der Meßlatte Gottes und sieht sich als den schlimmsten aller Sünder.

In seinem Sündenbewußtsein wird Paulus auch die Liebe Gottes zu ihm deutlicher. Je weiter seine Erkenntnis des vollkommenen Willens Gottes zunimmt, desto klarer sieht er seine Sünde und desto tiefer weiß er um Gottes Liebe im Kreuzestod Christi. Durch die wachsende Erkenntnis der Liebe Gottes fällt er in Anbetung und Hingabe vor diesem Gott nieder.

Soll Gottes Liebe zum festen Eckstein unserer Hingabe werden, müssen wir sie als *reines, voll und ganz auf dem Werk Christi beruhendes, Gnadengeschenk* annehmen, das uns durch die Vereinigung mit Christus zuteil wird. Darum ist seine Liebe unveränderlich und nicht von unserem Tun abhängig. Oft erleben wir geistliche Tiefen, Sünde, Versagen und Entmutigung, in denen wir Gottes Liebe in Abrede stellen. Wir handeln, als wäre seine Liebe an eine Bedingung geknüpft. Haben wir wirklich Angst zu glauben, daß seine Liebe einzig auf dem vollendeten Werk Christi beruht?

Unser geistliches Versagen hat auf Gottes Liebe nicht den geringsten Einfluß, sie schwankt nicht mit unserem Empfinden. Diese Wahrheit muß uns tief in unserem Inneren neu bewegen und packen, denn Gott liebt uns einzig und allein deshalb, weil wir mit seinem geliebten Sohn vereinigt sind.

Darum freut sich Paulus so unermeßlich an Gottes Liebe. Erhaben-triumphierend klingt seine Stimme in Römer 8, wo er fragt:

„Wenn Gott für uns ist, wer gegen uns?"

„Wer wird gegen Gottes Auserwählte Anklage erheben?"

„Wer ist, der verdamme?"

„Wer kann uns scheiden von der Liebe Christi?"

Und dann die frohlockende Folgerung: „Denn ich bin überzeugt, daß ... (nichts) uns wird scheiden können von der Liebe Gottes, die in Christus Jesus ist, unserem Herrn."

Führt diese Erkenntnis der persönlichen, bedingungslosen Liebe Gottes nun zu Schrankenlosigkeit? Keineswegs! Das Wissen um seine große Liebe treibt uns ganz im Gegenteil in die vermehrte, tätige Hingabe, nicht nur in eine warme, gefühlsmäßige Zuneigung zu Gott.

Nach dem Zeugnis des Apostels Paulus zwingt uns Gottes Liebe geradezu, nicht uns selbst zu leben, sondern ihm, der gestorben und auferweckt ist (2. Korinther 5,14-15). Das Wort „drängen" (V. 14) ist ein besonders starker Ausdruck und bedeutet Druck von allen Seiten oder inneren Zwang zu einer bestimmten Handlung. Nicht viele Christen dürften die Kraft dieser Motivation mit Paulus teilen, doch sollte es unser Ziel sein. Gottes Liebe hat zwingende Kraft.

Auch Johannes spricht von dieser zwingenden Kraft, wenn er sagt: „Wir lieben, weil er uns zuerst geliebt hat" (1. Johannes 4,19). Ob Johannes unsere Liebe zu Gott oder zu anderen meint, bleibe dahingestellt: Beide kommen aus der Erkenntnis der Liebe Gottes zu uns.

Hingabe an Gott beginnt also mit der Gottesfurcht, einer biblischen Sicht seiner Majestät und Heiligkeit, die Ehrfurcht und Scheu bewirkt. Diese Gottesfurcht findet ihren natürlichen Widerhall in der Erkenntnis der Liebe Gottes zu uns, wie sie im Sühnetod Christi zum Durchbruch kommt. Je mehr wir uns der Majestät, Heiligkeit und Liebe Gottes bewußt werden, desto stärker werden wir auf die Spitze des

Hingebungs-Dreiecks getrieben: die Sehnsucht nach Gott selbst.

Hunger nach Gott

Wahre Gottseligkeit erweckt unsere Gefühle und stärkt unser Verlangen nach der Gegenwart und Gemeinschaft Gottes. Sie führt in die Sehnsucht nach Gott selbst. Das wird in Psalm 42 besonders deutlich: „Wie eine Hirschkuh lechzt nach Wasserbächen, so lechzt meine Seele nach dir, o Gott! Meine Seele dürstet nach Gott, nach dem lebendigen Gott: Wann werde ich kommen und erscheinen vor Gottes Angesicht?" Welches Verlangen kann stärker sein als der Durst eines gejagten Wildes nach Wasser? Durch dieses Bild veranschaulicht der Psalmist seine Sehnsucht nach Gottes Gegenwart und Gemeinschaft.

Auch David kennt dieses Streben: „Eins habe ich vom HERRN erbeten, danach trachte ich: zu wohnen im Haus des HERRN alle Tage meines Lebens, um anzuschauen die Freundlichkeit des HERRN und nachzudenken in seinem Tempel" (Psalm 27,4). David sehnt sich unermeßlich nach Gott selbst, um seine Gegenwart und Freundlichkeit förmlich einzuatmen. David denkt gern über Gottes Majestät und Größe, seine Heiligkeit und Güte nach. Doch mehr als das: Er sucht Gott selbst, wie er anderswo sagt: „nach dir suche ich. Es dürstet nach dir meine Seele, nach dir schmachtet mein Fleisch" (Psalm 63,2).

Auch der Apostel Paulus kennt die Sehnsucht nach Gott: „um (Christus) allein geht es mir. Ihn will ich immer besser kennenlernen und die Kraft seiner Auferstehung erfahren" (Philipper 3,10; *Hoffnung für alle*). Das ist der Herzschlag des Gläubigen! Er betrachtet Gott in seiner ehrfurchtgebietenden Majestät, Macht und Heiligkeit und denkt über den Reichtum seiner Gnade und Barmherzigkeit, wie sie auf Golgatha sichtbar werden, nach, um ein herzliches Verlangen nach dem Gott zu verspüren, der ihn so geliebt hat. Er findet allein in Gott Zufriedenheit, ist aber nie zufrieden mit seiner gegenwärtigen Gotteserkenntnis. Immer weiter strebt er vorwärts.

Manchen Christen mag der Gedanke, Sehnsucht nach Gott zu verspüren, eigentümlich vorkommen. Mit „Dienst für Gott" wissen wir etwas anzufangen, auch mit „Einsatz für sein Werk". Vielleicht pflegen wir auch eine „Stille Zeit", indem wir die Bibel lesen und beten, aber Sehnsucht nach Gott, tiefes Verlangen nach seiner Gemeinschaft und Gegenwart, grenzt das nicht zu stark an Mystik und Fanatismus? Da ziehen wir schon ein praktisches Christsein vor.

Doch wer war praktischer veranlagt als Paulus? Wer war tiefer in die Kämpfe des Alltags verstrickt als David? Doch trotz ihrer vielen Aufgaben sehnten sich Paulus wie David nach tieferer Gemeinschaft mit dem lebendigen Gott. Das gehört mit zu Gottes Plan für unser Leben, in der Bibel steht es ganz deutlich, schon im dritten Kapitel des 1. Mosebuches! Gott wandelt im Garten und ruft nach Adam, um Gemeinschaft mit ihm zu pflegen. Ja, und ganz am Ende der Bibel, in Offenbarung 21, sieht Johannes das neue, himmlische Jerusalem und vernimmt die Stimme Gottes: „Siehe, das Zelt Gottes bei den Menschen! Und er wird bei ihnen wohnen" (V. 3). Gott will eine Ewigkeit lang mit seinen Kindern Gemeinschaft haben.

Noch heute sagt Jesus zu uns wie zur Gemeinde in Laodicea: „Siehe, ich stehe an der Tür und klopfe an; wenn jemand meine Stimme hört und die Tür öffnet, zu dem werde ich hineingehen und mit ihm essen, und er mit mir" (Offb 3,20). In der damaligen Kultur war ein gemeinsames Mahl Zeichen der Gemeinschaft. Jesus lädt uns dazu ein! Wir sollen ihn noch viel, viel besser kennenlernen! Darum hat er uns das Verlangen und die Sehnsucht nach Gott ins Herz gelegt.

Sehnsucht nach Gott verleiht dem Gläubigen eine warme Ausstrahlung. Ein Gotteskind ist nie kalt und abweisend. Kälte rührt von einem falschen Frömmigkeitsbild her, das gesetzliche Moral mit Gottseligkeit verwechselt. Wer Zeit mit Gott verbringt, strahlt seine Herrlichkeit aus, was immer warm und einladend, nie jedoch kalt und richtend, wirkt.

Sehnsucht nach Gott führt unbedingt zum Verlangen, Gott zu verherrlichen und ihm zu gefallen. Im selben

Atemzug verleiht Paulus seinem Wunsch Ausdruck, Christus zu erkennen und ihm gleichgestaltet zu sein. Das ist Gottes Endziel für uns und zugleich das Werk des Heiligen Geistes. In Jesaja 26,9 drückt der Prophet sein Verlangen nach dem Herrn ganz ähnlich aus wie der oben zitierte Psalmist: „Mit meiner Seele verlangte ich nach dir in der Nacht; ja mit meinem Geist in meinem Innern suchte ich dich." Im vorhergehenden Vers strebt Jesaja nach Gottes Ehre: „Nach deinem Namen und nach deinem Lobpreis ging das Verlangen der Seele" (V. 8). Gottes Name, das ist seine Ehre unter den Menschen. Der Prophet konnte sein Verlangen nach Gottes Ehre und nach Gott selbst gar nicht voneinander trennen. Die beiden gehen Hand in Hand.

Das ist Hingabe an Gott: Gottesfurcht, eine Haltung der Ehrfurcht und Scheu, Verehrung und Anbetung; verbunden mit einem tiefen Empfinden der Liebe Gottes zu uns, wie sie sich zuallererst im Sühnetod Christi zeigt. Diese beiden bedingen und fördern einander und führen gemeinsam zu einem starken Verlangen nach dem Gott, der in seiner Herrlichkeit und Majestät so ehrfurchtgebietend und in seiner Liebe und Gnade so entgegenkommend ist.

Anmerkungen

1. John Murray: *Principles of Conduct* (Grand Rapids, Mich.: Eerdmans 1978), S. 229

2. Murray S. 230

3. Siehe z.B. 2. Korinther 7,1; Epheser 5,21; Kolosser 3,22 und 1. Petrus 1,17.

4. Murray S. 231

5. Albert N. Martin, Tonbandserie: „The Fear of God" (Essex Fells, N.J.: The Trinity Pulpit). Diese Serie besteht aus neun Predigten über Gottesfurcht. Ich empfehle sie allen, die sich näher mit diesem Thema befassen wollen. Pastor Martin verdanke ich die Definition von Gottesfurcht in diesem Kapitel.

3

Übe dich in der Gottseligkeit

*Die unheiligen und
altweiberhaften Fabeln aber weise ab,
übe dich aber zur Gottseligkeit.*
1. Timotheus 4,7

Der Apostel Paulus setzt die Gottseligkeit seines geistlichen Sohnes Timotheus nicht einfach voraus, weshalb er seinem langjährigen Begleiter und Mitarbeiter schreibt: „Übe dich zur Gottseligkeit." Was Timotheus damals nötig hatte, kann auch uns heute nicht schaden.

In dieser Ermahnung verwendet Paulus einen Ausdruck aus dem Bereich des Sportes. Für „üben" steht hier ein Wort, das eigentlich das Training junger Sportler für die Wettkampfspiele jener Zeit beschrieb. Später weitete man es auf die körperliche und geistige Stählung aus.

Trainingsgrundsätze

Mit seiner Ermahnung an Timotheus spricht Paulus mehrere Grundsätze aus, die auch für uns heute gelten. Erstens das Prinzip der *persönlichen Verantwortung*. „Übe dich", sagt Paulus. Er macht Timotheus persönlich für sein Vorwärtskommen rechenschaftspflichtig. Niemand darf sich zurücklehnen und das eigene Wachstum Gott anvertrauen, obwohl ohne seine Befähigung kein Schritt nach vorn getan werden kann. Diesen Aspekt des Heils muß jeder selbst im Vertrauen auf Gott bewirken, der in uns am Werk ist. Die Arbeit an der Gottseligkeit, das *Streben* nach ihr, ist unsere ureigenste persönliche Aufgabe.

Wir Christen mögen sehr diszipliniert und fleißig unserer Arbeit, unserem Studium, unserem Familienleben und sogar unserer Gemeindeaufgabe nachgehen, doch im geistlichen Leben neigen wir zur Faulheit. Viel lieber würden wir beten: „Herr, hilf mir wachsen", um uns zurückzulehnen und zu warten, bis Gott auf geheimnisvolle Art und Weise unser Wesen verwandelt. Das tut Gott tatsächlich, aber nicht unabhängig davon, ob wir unserer persönlichen Verantwortung nachkommen. Trainieren müssen wir schon selbst!

Als zweites Prinzip können wir aus der apostolischen Ermahnung ableiten: *Unser Training hat geistliches Wachstum zum Ziel*. An anderer Stelle ermuntert Paulus seinen Schüler Timotheus, bei der Arbeit Fortschritte zu machen. Hierbei jedoch geht es um seine persönliche Hingabe an Gott und das aus dieser Hingabe entstehende Verhalten. Selbst als erfahrener und erfolgreicher Gemeindeleiter mußte Timotheus noch in den Grundlagen der Gottseligkeit wachsen: der Gottesfurcht, der Erkenntnis der Liebe Gottes und der Sehnsucht nach der Gegenwart und Gemeinschaft Gottes.

Ich stehe seit über 25 Jahren in der vollzeitlichen christlichen Arbeit und war sowohl in Europa als auch in den Vereinigten Staaten eingesetzt. Dabei bin ich vielen begabten und fähigen Christen begegnet, doch weit weniger gottseligen Menschen. Wir betonen vielmehr den Dienst für Gott. Vergessen wir nicht, Henoch war ein Prediger der Gerechtigkeit zu einer Zeit gröbster Gottlosigkeit, doch in den wenigen Versen über sein Leben lesen wir nur von seinem Wandel mit Gott. Wofür trainieren wir? Trainieren wir christliche Aktivitäten, so gut diese auch sein mögen, oder trainieren wir Gottseligkeit?

Das dritte Prinzip, das wir aus der Aufforderung an Timotheus herauslesen können, sind bestimmte *Mindestanforderungen beim Training*. Vielleicht haben Sie im Fernsehen die Olympischen Spiele verfolgt und als der Sprecher den Werdegang der Sportler kurz skizzierte, erkannten Sie die harten Ansprüche für einen Olympiasportler. Wahrscheinlich hatte Paulus dieses „Olympialimit" im Sinn, als er die Übung zur Gottseligkeit mit dem Training eines Sportlers verglich.

Der Einsatz ist hoch

Die erste unumgängliche Voraussetzung ist *voller Einsatz*. Niemand erreicht Olympianiveau oder auch nur eine Staatsmeisterschaft, so er sein tägliches Härtetraining nicht mit vollstem Einsatz absolviert. Niemand erreicht die geistliche Reife, ohne täglich hart zu trainieren und sich mit vollem Einsatz den Wachstumserfordernissen Gottes zu stellen.

Bedingungsloser Einsatz wird in der gesamten Bibel sichtbar. Wir hören ihn aus dem Ruf Davids heraus: „nach dir suche ich" (Psalm 63,2). Wir erfahren ferner in den Verheißungen an die Verschleppten in Babel davon: „Und sucht ihr mich, so werdet ihr mich finden, ja, fragt ihr mit eurem ganzen Herzen nach mir, so werde ich mich von euch finden lassen" (Jeremia 29,13-14). Paulus selbst strebte vorwärts, um das Ziel zu ergreifen, so wie er selbst von Christus ergriffen war (Philipper 3,12). Im Hebräerbrief werden wir aufgerufen, der Heiligkeit nachzujagen (Hebräer 12,14), und Petrus schreibt: „Wendet aber auch allen Fleiß auf und reicht in eurem Glauben ... Gottseligkeit (dar)" (2. Petrus 1,5-7). Dieses Streben und Jagen, dieser ganze Fleiß und Einsatz erfordert eine vollständige Lebensweihe von uns.

Gottseligkeit hat ihren Preis, sie ist nicht im Ausverkauf zu haben. Weil sie nicht billig ist, fällt sie keinem in den Schoß. Das Wort *trainieren* legt eine dauernde, unermüdliche, schonungslose Anstrengung nahe. Paulus wußte um den vollen Einsatz, der diesen jungen Sportlern um einen vergänglichen Siegeskranz abverlangt wurde. Gottseligkeit dagegen ist zu allen Dingen nützlich, sowohl in diesem als auch im kommenden Leben. Darum der Aufruf an Timotheus und an uns heute, den unverkürzten, zum Training der Gottseligkeit erforderlichen, Einsatz zu leisten.

Professionelle Trainerbetreuung

Die zweite unabdingbare Voraussetzung ist das *Training mit einem fähigen Betreuer oder Trainer.* Kein Sportler, wie begabt er auch sein mag, schafft das Olympialimit ohne einen ausgebildeten Trainer, der ihm Höchstleistungen abverlangt und jeden kleinsten Fehler erkennt und ausmerzt. So ist auch unser Training zur Gottseligkeit ohne die Betreuung durch den Heiligen Geist vergeblich. Er trimmt uns auf Höchstleistungen, indem er uns belehrt, zurechtweist und korrigiert. Sein Trainerhandbuch ist die Heilige Schrift. Darum müssen wir, so wir im Glauben reifen wollen, unablässig mit dem Wort Gottes in Kontakt bleiben.

In Titus 1,1 spricht Paulus von „der Erkenntnis der Wahrheit, die der Gottseligkeit gemäß ist." Ohne diese Erkenntnis können wir unmöglich in der Gottseligkeit wachsen. Die Wahrheit finden wir nur in der Bibel, diese Erkenntnis allerdings meint mehr als bloßes Bibelwissen. Sie ist Erkenntnis, wie sie der Heilige Geist lehrt, indem er die Wahrheit Gottes in unser Herz pflanzt.

Es gibt sogar ein religiöses Wissen, das dem Training zur Gottseligkeit entgegensteht. Erkenntnis kann zu geistlichem Hochmut führen (1. Korinther 8,1), wie es bei den Korinthern der Fall war. Sie wußten um die Nichtigkeit der Götzen und um die Bedeutungslosigkeit der Götzenopfer, darum aßen sie vom Opferfleisch. Sie wußten jedoch nicht von ihrer Verantwortung dem schwächeren Bruder gegenüber. Rechte geistliche Erkenntnis, die zu Gottseligkeit führt, kann nur der Heilige Geist vermitteln.

Es gibt genügend rechtgläubige und aufrichtige Menschen, die nicht gottselig sind, nicht von Hingabe an Gott beseelt. Sie sind an ihre eigene Rechtgläubigkeit und ihre moralischen Verhaltensnormen gefesselt.

Von dieser falschen Selbstsicherheit kann uns nur der Heilige Geist lösen. Darum müssen wir aufmerksam auf diesen Trainer hören, uns intensiv mit Gottes Wort beschäftigen, durch das er uns lehrt. Dabei dürfen wir unsere geistliche Lernfähigkeit keinesfalls überschätzen, sondern müssen uns seinem Wirken in unserem Herzen voll und ganz ausliefern.

Harte Arbeit

Die dritte unumgängliche Voraussetzung im Training ist *harte Arbeit*. Nur durch unermüdliches Üben lohnt sich der volle Einsatz und trägt die Trainerbetreuung Frucht. Übung macht den Meister, auch im Sport und in der Gottseligkeit. Unsere Arbeit an der Gottseligkeit macht uns erst zu wirklich reifen Christen. Zum Olympianiveau gibt es keine Abkürzung und zur Gottseligkeit erst recht nicht. Nur der tägliche und treue Einsatz der Mittel, die Gott für uns vorgesehen hat und die der Geist verwendet, kann uns zu olympischen Meistern machen. Wir müssen an der Gottseligkeit *arbeiten*, wie der Sportler an seinen körperlichen Fähigkeiten arbeitet.

Das gilt genauso für die Arbeit an der Gottesfurcht, falls wir diesen Hingabeaspekt vertiefen wollen. Pflichten wir Pastor Martin bei, daß Gottesfurcht die rechte Vorstellung von seinem Wesen, das umfassende Empfinden seiner Gegenwart und das bleibende Wissen von unseren Pflichten vor ihm bedeutet? Dann müssen wir unser Bewußtsein mit diesen biblischen Wahrheiten füllen und unser Leben danach ausrichten, bis wir gottesfürchtige Menschen geworden sind.

Erahnen wir etwas von der Bedeutung der Demut als christlichem Charakterzug? Dann wollen wir häufiger über Schriftstellen wie Jesaja 57,15 und 66,1-2 nachdenken, wo Gott selbst die Demut lobt. Laßt uns über diese Verse beten und den Heiligen Geist bitten, sie in unserem Leben zu verwirklichen, indem er uns wahrhaft demütig macht. Das ist Arbeit an der Gottseligkeit! Sie ist nichts Übernatürliches, sondern ganz praktisch, greifbar und zuweilen anstrengend. Doch, ohne Frage, es lohnt sich, Gottes Geist an sich wirken zu lassen.

Der Umgang mit dem Wort Gottes

In unserem geistlichen Wachstum spielt das Wort Gottes eine zentrale Rolle. Arbeit an der Gottseligkeit bedeutet vor allem, Zeit über dem Wort Gottes zu verbringen. Der Umgang mit der Bibel kann auf verschiedene Weise stattfinden, zum Beispiel kann man als Gedächtnisstütze die fünf Finger der Hand für die fünf Methoden zur Ernährung mit dem Wort Gottes: Hören, Lesen, Studieren, Auswendiglernen und Nachsinnen - verwenden. Ich halte diese Methoden für gut und wertvoll, weshalb wir sie einzeln durchnehmen wollen.

Am häufigsten kommen wir durch *Hören* mit der Schrift in Kontakt, durch die Lehre von Pastoren und Predigern. Heute beurteilen viele Christen diese Methode als nicht zielführend, aber das ist ein schwerwiegender Fehler. Der Herr selbst hat seiner Gemeinde Menschen geschenkt, die zur Lehre der biblischen Wahrheit begabt sind, sonst würden wir bestimmte Dinge rasch vergessen und ein sehr wankelmütiges Christenleben führen. Mögen wir die Lehre dieser gottbegabten Menschen tief in unser Herz aufnehmen!

Keiner von uns erreicht jemals den Stand geistlicher Selbstversorgung, in dem die Lehre durch andere überflüssig wird. Dazu verfügen wir nicht über die nötige Befähigung und die zeitlichen Möglichkeiten, um den „ganzen Ratschluß Gottes" zu erkunden (Apg 20,27). Regelmäßige Belehrung durch einen von Gott begabten und gut ausgebildeten Lehrer des Wortes Gottes ist einfach unverzichtbar.

Ein wesentlicher Grund dafür, daß wir es mehr und mehr ablehnen, Gottes Wort zu hören, ist die Mißachtung von Offenbarung 1,3: „Glückselig, der liest und die hören die Worte der Weissagung und bewahren, was in ihr geschrieben ist!" Zu oft hören wir, um unterhalten, statt unterwiesen zu werden, um unsere Gefühle anzusprechen statt uns zu Taten anzuspornen. Wir nehmen uns das Gehörte nicht zu Herzen und wenden es dadurch nicht an.

Wir modernen Christen unterscheiden uns kaum von den Juden zur Zeit Hesekiels, von denen Gott sagt: „Und sie kommen zu dir, wie eben Volk zusammenkommt, und sitzen vor dir als mein Volk und hören deine Worte, aber sie tun sie nicht" (Hesekiel 33,31). Für seine Zuhörer war Hesekiel „wie einer, der ein Liebeslied singt, der eine schöne Stimme hat und gut zu spielen versteht." Die Juden sahen ihn als Unterhalter, hatten aber gar nicht vor, das Gehörte zu praktizieren.

Ein Beispiel für gottgewolltes Hören sind die Christen in Beröa, die „das Wort mit aller Bereitwilligkeit aufnahmen und täglich die Schriften untersuchten, ob dies sich so verhielte" (Apg 17,11). Sie vergaßen nicht einfach, was sie vernahmen; sie hörten nicht zur Unterhaltung zu. Im Wissen um die ewige Bedeutung dessen, was sie hörten, paßten sie scharf auf, dachten darüber nach und richteten sich danach. Ihr Forschen und Nachsinnen ist besonders bemerkenswert, da sie wohl keine eigenen Bibeln besaßen. Wie beschämend für uns, die wir nach dem Gottesdienst schon wieder vergessen haben, was in der Predigt gesagt wurde.

Wir haben bereits Titus 1,1 gestreift, wonach Erkenntnis der Wahrheit zu Gottseligkeit führt. Doch dieser Vers enthält noch eine tiefere Aussage. Paulus sieht seine Aufgabe als Apostel Christi darin, den Glauben der Auserwählten Gottes zu fördern und ihre Wahrheitserkenntnis, die zur Gottseligkeit führt, zu stützen. Zu keiner anderen Aufgabe sind auch heute Pastoren und Prediger berufen. Wollen wir jedoch aus ihrem Dienst Gewinn ziehen, müssen wir nach Art der Gläubigen in Beröa hören und das mit großer Bereitwilligkeit und dem festen Vorsatz zur praktischen Anwendung.

Die zweite Methode zum Umgang mit der Schrift ist das *Lesen* der Bibel. Dabei sitzen wir direkt zu Füßen des göttlichen Lehrers, des Heiligen Geistes. So hilfreich und gewinnbringend es ist, aus der Unterweisung anderer zu lernen, so unvergleichlich ist die Freude, sich direkt vom Heiligen Geist durch sein Wort belehren zu lassen.

Wir haben bereits gesehen, wie Henoch mit Gott wandelte, was persönliche Gemeinschaft mit Gott bedeutet. Gerade beim Bibellesen erfahren wir die Gemeinschaft mit Gott im Hören auf sein Wort, seine Ermutigung, seine Lehre und seine Selbstoffenbarung an uns. Von Mose lesen wir, wie der Herr mit ihm „von Angesicht zu Angesicht, wie ein Mann mit seinem Freund, redet" (2. Mose 33,11). Dieses Vorrecht genießen wir heute nicht, doch können wir dieselbe Unterweisung aus der persönlichen Bibellese empfangen. Unsere Arbeit an der Gottseligkeit wäre ohne einen festen Bibelleseplan eine äußerst dürftige Angelegenheit.

Ein weiterer Vorteil der Bibellese ist der Gesamtüberblick über das Wort Gottes. Kein Pastor kann und soll in einem oder zwei Jahren die gesamte Bibel durchpredigen, sie jedoch in einem Jahr durchzu*lesen*, ist durchaus möglich. Dazu gibt es verschiedene Bibellesepläne, durch die sich einzelne Schriftteile zu einem wunderbaren Mosaik ergänzen. Beispielsweise ergibt der Hebräerbrief ohne Grundwissen über die alttestamentliche Priester- und Opferordnung keinen Sinn. Die vielen Anspielungen Jesu und der Apostel auf das Alte Testament sind nur dem zugänglich, der die Aussagen im ursprünglichen Zusammenhang kennt, auch hierzu ein Beispiel: Die Lehre von der Erbsünde durch Adam, wie sie Paulus in Römer 5 vorbringt, ist ohne Vorkenntnisse aus 1. Mose 3 unverständlich.

Ohne Bibelleseplan für die gesamte Schrift wären wir geistlich unwissend und verarmt. Ich kann es mir nicht leisten, das Glaubensvorbild Abrahams zu missen, die Liebe Davids zu Gott, die Gerechtigkeit Daniels und die Not Hiobs. Wer kann geistlich wachsen ohne den Pulsschlag der Psalmen und die Lebensweisheit der Sprüche? Wo können wir von der Majestät und Treue Gottes mehr erfahren als in der Schule Jesajas? Wer nicht regelmäßig die gesamte Bibel durchliest, verpaßt diese erhabenen Wahrheiten und fängt auch mit dem Neuen Testament nicht viel an.

Die gesamte Schrift dient zu unserem Besten, selbst die schwerverständlichen Stellen. Es mangelt nicht an Anleitungen, die uns zu mehr Konsequenz und zu tieferer Einsicht in schwierige Kapitel verhelfen.

Als dritte Methode zur Ernährung aus der Schrift gilt das *Bibelstudium*. Das Lesen vermittelt uns Breite, das Studium Tiefe. Im Bibelstudium dringen wir weiter in eine Bibelstelle oder ein Thema ein, als dies beim bloßen Lesen möglich ist.

Es erfordert größeren Eifer und mehr Konzentration, eine Bibelstelle zu analysieren und im Lichte anderer Bibelaussagen zu untersuchen, Fragen zu stellen, Beobachtungen zu treffen und die Schlußfolgerungen in ein logisches Konzept einzubinden. Die Niederschrift der Ergebnisse hilft überdies zur Klärung der eigenen Gedanken. Damit wird unsere Erkenntnis der Wahrheit gefestigt und unsere Gottseligkeit vorangetrieben.

Jeder Christ soll die Bibel studieren. Im Hebräerbrief werden die Leser zurechtgewiesen, weil sie immer noch über die Grundwahrheiten des Wortes Gottes unterwiesen werden mußten, während sie längst Lehrer sein sollten. Sie brauchten Milch statt feste Nahrung! Leider sind viele von uns wie sie.

Es gibt für jeden Kenntnisstand zahlreiche Bibelstudienmethoden. Trotzdem sind einige Prinzipien zu beachten, die in Sprüche 2,1-5 erläutert werden. Man beachte die kursiv gedruckten Zeitwörter:

> Mein Sohn, wenn du meine Reden *annimmst* und meine Gebote bei dir *verwahrst*, indem du der Weisheit dein Ohr *leihst*, dein Herz dem Verständnis *zuwendest*, ja, wenn du den Verstand *anrufst*, zum Verständnis *erhebst* deine Stimme, wenn du es *suchst* wie Silber und wie Schätzen ihm nachspürst, dann wirst du verstehen die Furcht des HERRN und die Erkenntnis Gottes gewinnen.

Die kursiv gedruckten Wörter zeigen uns die Grundprinzipien des Bibelstudiums:

- Belehrbarkeit - meine Worte annehmen
- Bereitschaft zum Gehorsam - meine Gebote verwahren
- Bedachtnahme und Konzentration - dein Herz zuwenden
- Betendes Nachsinnen - anrufen und Stimme erheben
- Bleibendes Streben - suchen wie verborgene Schätze

Die Endausrichtung dieser Bibelstudienprinzipien finden wir in Vers 5: „dann wirst du verstehen die Furcht des HERRN und die Erkenntnis Gottes gewinnen." Diese beiden Voraussetzungen für geistliches Wachstum untersuchten wir ja schon. Wer sich zur Gottseligkeit üben will, muß das Bibelstudium an die erste Stelle setzen.

Wie finden wir Zeit zu intensivem Bibelstudium? Diese Frage wurde einmal dem Chefchirurgen eines großen Spitals gestellt. Seine Antwort ist mir noch nach 25 Jahren ein gewaltiger Ansporn. Er blickte dem Fragesteller geradewegs ins Gesicht und betonte: „Man findet immer Zeit für Dinge, die einem wichtig sind." Wie wichtig ist mir die Arbeit an der Gottseligkeit? Wichtiger als Fernsehen, Bücher, Zeitschriften, Entspannung und viele andere Dinge, die so oft unsere Zeit in Anspruch nehmen? Wieder landen wir bei einer wesentlichen Grundfrage: Unserem Einsatz.

Das *Auswendiglernen* wichtiger Stellen ist als vierte Methode zum Umgang mit der Schrift zu erwähnen. Der klassische Vers dazu ist Psalm 119,11: „In meinem Herzen habe ich dein Wort verwahrt, damit ich nicht gegen dich sündige." Derselbe Ausdruck, der hier mit „verwahren" wiedergegeben ist, findet sich auch in Sprüche 7,1 („bergen"): „Mein Sohn, ... meine Gebote birg bei dir"; und in Sprüche 10,14 („bewahren"): „Weise bewahren Erkenntnis." In Psalm 31,20 spricht David von Gottes Güte, die er „bereithält" für jene, die ihn fürchten. Dieses kurze Wortstudium erhellt die Bedeutung von Psalm 119,11: Gottes Wort im Herzen verwahren, um es bei Bedarf zur Hand zu haben, in Zeiten der Versuchung, wenn uns das Wort Gottes von Sünde abhalten kann.

Allerdings hält uns das im Herzen verwahrte Wort Gottes nicht nur von Sünde ab, es fördert vielmehr unser Glaubenswachstum in allen Lebensbereichen. Bei unserer Arbeit an der Gottseligkeit stärkt es die Hingabe an Gott und die Wesenszüge Christi, die unser Leben vor ihm wohlgefällig machen.

Unsere fünfte Methode der Ernährung mit dem Wort ist das *Nachsinnen*. Dieser alttestamentliche Ausdruck bedeutet ursprünglich murmeln oder hersagen und infolgedessen mit sich selbst reden.[1] Beim Nachsinnen über die Schrift reden wir mit uns selbst über sie, machen uns Gedanken über ihre Bedeutung und Anwendung.

Psalm 119,11 verwenden wir zwar gern als Beleg für das Auswendiglernen, doch paßt er viel besser zum Nachsinnen.

Der Psalmist verwahrt Gottes Wort in seinem *Herzen*, nicht in seinem Verstand. Er hat es inwendig gelernt, nicht nur auswendig. Beim Nachsinnen öffnet sich unser Verständnis für einen Vers, binden sich unsere Gefühle an ihn und wird unser Wille angespornt. Das ist mit dem „Verwahren" des Wortes gemeint. Freilich ist das Auswendiglernen als erster Schritt zum Nachsinnen von entscheidender Bedeutung. Zum Nachsinnen über Gottes Wort werden wir in Josua 1,8 und Psalm 1,2 aufgerufen. Beide Verse sprechen vom Nachdenken bei *Tag und Nacht*, nicht nur in der Stillen Zeit. Ohne eine Form des Auswendiglernens kann man natürlich nicht Tag und Nacht über eine Schriftstelle nachdenken.

In Kapitel 1 haben wir Gottseligkeit als Hingabe an Gott, die zu einem gottgefälligen Leben führt, definiert. Wollten wir ein Kapitel der Bibel anmerken, das den Pulsschlag des Gottseligen wiedergibt, so wäre das wohl Psalm 119. Alle 176 Verse dieses Psalms, mit nur zwei Ausnahmen, bringen das Leben des Psalmisten mit dem Wort Gottes, oder mit Gott selbst, in Verbindung. Stets ist von *deinem* Gesetz, *deinen* Vorschriften, *deinen* Geboten, *deinen* Ordnungen usw. die Rede. Für den Psalmisten waren Gottes Gebote nicht das kalte Gesetz eines fernen Gottes, sondern das lebendige Wort des Herrn, den er liebte, suchte und dem er zu gefallen strebte.

Mit Gott wandeln bedeutet, Gemeinschaft mit ihm pflegen. Dabei ist Gottes Wort von immenser Bedeutung. Wer Gott gefallen will, muß seinen Willen kennen, wie wir leben und was wir tun sollen. Diesen Willen können wir ausschließlich durch sein Wort kennenlernen. Geistliches Wachstum ist ohne die beständige und ausgewogene Ernährung mit dem Wort Gottes undenkbar.

Das Wort Gottes ist die wichtigste Grundlage unserer Arbeit an der Gottseligkeit, jedoch nicht die einzige. Im nächsten Kapitel wenden wir uns der Vertiefung unserer Hingabe zu. Dann beginnen wir, einzelne Wesenszüge eines gottseligen Charakters näher zu betrachten und uns Gedanken darüber zu machen, wie wir in diesen Bereichen wachsen können.

Unser Trainingspensum

Paulus sagt: „Trainiere dich zur Gottseligkeit." Für dieses Training sind wir selbst verantwortlich. Gott befähigt uns dazu, doch die Verantwortung liegt bei uns selbst. Niemals können wir uns passiv zurücklehnen. Unser Wachstumsziel ist Gottseligkeit, nicht Tüchtigkeit in der Gemeindearbeit, sondern Hingabe (Gottzentriertheit) und Charakterbildung (Gottgleichheit). Natürlich wollen wir unsere Gemeindeaufgaben treu wahrnehmen, doch zum Training in der Gottseligkeit müssen wir unsere Beziehung zu Gott voranstellen.

Unser Training zur Gottseligkeit erfordert vollen Einsatz, die Betreuung durch den Heiligen Geist mittels seines Wortes und harte Arbeit unsererseits. Sind wir bereit, unsere Verantwortung wahrzunehmen und unser Pensum zu erfüllen? Denken wir daran: „Gottseligkeit ist zu allen Dingen nütze, weil sie die Verheißung des Lebens hat, des jetzigen und des zukünftigen" und „Gottseligkeit mit Genügsamkeit ist ein großer Gewinn" (1. Timotheus 4,8 und 6,6).

Anmerkung

1. William Wilson: *Wilson's Old Testament Word Studies* (MacLean, Va.: MacDonald Publ. Co., ohne Dat.), S. 271

4

Vertiefung der Hingabe

Mit ganzem Herzen habe ich dich gesucht.
Laß mich nicht abirren
von deinen Geboten.
Psalm 119,10

Die Schrift bezeichnet die Ungläubigen als völlig gottlos. Für Paulus sind sie bar jeder Gottesfurcht, in Feindschaft gegen den Herrn und ohne jede Bereitschaft, sich seinem Gesetz zu unterwerfen, unfähig, ihm zu gefallen. Das gilt für den moralisch Aufrichtigen ebenso wie für den verdorbensten Sünder. Ersterer betet einen selbstgemachten Gott an, nicht den Gott der Bibel. Die Ansprüche des allerhöchsten Gottes lehnt er oft vehementer ab als jemand, der in offener Auflehnung lebt.

Zum Zeitpunkt unserer Bekehrung räumt Gott durch den Heiligen Geist mit dieser unserer gottlosen Haltung auf. Er schenkt uns ein neues Herz und bewegt uns zum Gehorsam, lenkt unseren Sinn ganz auf sich und unterweist uns in der Gottesfurcht. Ferner gießt er seine Liebe in unser Herz, damit wir seine Gnade an uns begreifen können. All das gehört zu den Segnungen der Neugeburt, weshalb alle Christen zumindest ein ansatzweises Maß an Hingabe besitzen. Kein Christ mangelt der Hingabe völlig. Das garantiert das Werk des Heiligen Geistes in der Neugeburt. Gott hat uns alles zum Leben und zur Gottseligkeit geschenkt.

Obwohl jeder Christ eigentlich auf Gott ausgerichtet sein sollte, müssen wir alle in der Hingabe wachsen. Wir sollen Gottseligkeit trainieren; wir sollen allen Fleiß darauf wenden, in unserem Glauben Gottseligkeit darzureichen. Wachstum in der Gottseligkeit besteht in der Vertiefung unserer Hingabe und in der Zunahme unserer Gottgleichheit.

In Kapitel zwei stellten wir Hingabe als ein Dreieck dar, dessen Eckpunkte für die Furcht Gottes, die Liebe Gottes und die Sehnsucht nach Gott stehen. Zur Vertiefung unserer Hingabe müssen wir in allen diesen Bereichen wachsen. So, wie unser Dreieck drei gleichlange Seiten hat, muß unser Wachstum in allen drei Aspekten gleichstark sein; sonst wird unsere Hingabe unausgewogen.

Wer zum Beispiel in der Gottesfurcht wächst, ohne ein tieferes Verständnis seiner Liebe zu gewinnen, wird Gott bald fern und unnahbar empfinden. Wer in seinem Bewußtsein um Gottes Liebe zunimmt, ohne zugleich ein Mehr an Scheu und Furcht vor ihm zu erlangen, für den ist Gott bald ein lieber und freundlicher alter Mann, der sich alles gefallen läßt. Letztere Gottessicht ist im heutigen Christentum weit verbreitet, wodurch viele Gläubige zu einer neuen Hinwendung zur biblischen Lehre der Gottesfurcht aufrufen.

Wesentlich für die Vertiefung unserer Hingabe ist somit eine ausgewogene Betonung aller drei Grundelemente der Hingabe: Furcht, Liebe und Sehnsucht. Zudem muß völlige *Abhängigkeit vom Heiligen Geist* vorhanden sein, der das Wachstum bewirkt. Auch im Wachstum zur Gottseligkeit gilt das Prinzip des christlichen Dienstes, wie es Paulus in 1. Korinther 3,7 formuliert: „So ist weder der da pflanzt, etwas, noch der da begießt, sondern Gott, der das Wachstum gibt." Wir müssen mit allen Gnadenmitteln, die uns Gott zur Verfügung stellt, pflanzen und gießen, die Vertiefung unserer Herzenshingabe jedoch kann nur Gott allein bewirken.

Gebet um Wachstum

Unsere Abhängigkeit von Gott kommt im Gebet um die Vertiefung unserer Hingabe zum Ausdruck. David betet:

„Richte mein Herz darauf hin, allein deinen Namen zu
fürchten" (Psalm 86,11; Einheitsübersetzung). Paulus bittet
für die Christen in Ephesus, damit sie die Breite und die
Länge und die Höhe und die Tiefe der Liebe Christi erfassen
(Epheser 3,16-19). Und David fleht darum, im Haus des
Herrn wohnen zu dürfen, um seine Freundlichkeit
anzuschauen und ihn in seinem Tempel zu suchen (Psalm
27,4). Alle diese Gebete beweisen, eine Vertiefung der
Hingabe kommt allein von Gott.

Arbeiten wir mit vollem Einsatz an der Gottseligkeit, wird
das in unseren Gebeten zum Ausdruck kommen. Wir werden
regelmäßig um zunehmende Gottesfurcht bitten, um ein
tieferes Verständnis seiner Liebe und um ein stärkeres
Verlangen nach Gemeinschaft mit ihm. Dazu könnten wir die
drei oben zitierten Verse oder andere Stellen in unsere
Gebetsliste eintragen, um sie regelmäßig vor den Herrn zu
bringen.

Nachsinnen über Gott

Obwohl uns die ganze Bibel Gottesfurcht lehrt, motivieren
mich einige Stellen ganz speziell dazu, meine Gedanken auf
die Majestät und Heiligkeit Gottes auszurichten, zum
Beispiel:

- Jesaja 6 und Offenbarung 4, die Heiligkeit Gottes
- Jesaja 40, die Größe Gottes
- Psalm 139, Gottes Allwissenheit und Allgegenwart
- Offenbarung 1,10-17 und Offenbarung 5, die
  Majestät Christi

Diese Bibelstellenauswahl soll nur als Anregung dienen.
Sie mögen andere Kapitel bedeutungsvoller finden, in
Ordnung! Dabei ist nur eines wichtig: Gott verwendet sein
Wort, um in unseren Herzen Ehrfurcht und Staunen zu
wecken. Dadurch will er uns in der Gottesfurcht anleiten. Es
wäre nämlich müßig, um vermehrte Gottesfurcht zu beten,
ohne über jene Schriftstellen nachzusinnen, die vorrangig
dazu beitragen, die Scheu vor Gott zu fördern.

Genauso gibt es Bibelstellen, die uns Gottes Liebe bewußter werden lassen. Am hilfreichsten dazu finde ich Psalm 103; Jesaja 53; Römer 5,6-11; Epheser 2,1-10; 2. Korinther 5,14-21; 1. Timotheus 1,15-16 und 1. Johannes 4,9-11.

Indem ich bestimmte Schriftstellen empfehle, kann ich jedoch nicht stark genug betonen: Mit dem Durchlesen oder gar Auswendiglernen hat es noch lange kein Bewenden. Wachstum in der Gottseligkeit garantiert diese Arbeit niemals. Selbst das Nachsinnen über diese Stellen reicht nicht. Was muß dann passieren? Der Heilige Geist selbst muß sein Wort in unserem Herzen zum Leben erwecken, um Wachstum zu bewirken. Darum müssen wir uns in betender Abhängigkeit von seinem Wirken diese Verse vor Augen halten. Nachdenken und Beten für sich *allein* vertiefen unsere Hingabe niemals, beides gehört *zusammen*.

Anbetung Gottes

Anbetung ist ein weiterer wesentlicher Aspekt unserer Hingabe. Dabei fasse ich Gottes Herrlichkeit, Majestät, Ehre und Würde in Worte. Den besten Einblick in die Anbetung im Himmel, die wir auf der Erde nachahmen sollen, bietet uns Offenbarung 4,8-11 und 5,9-14. Meine tägliche Stille Zeit beginne ich jedesmal mit Anbetung. Vor der Bibellese nehme ich mir ein paar Minuten Zeit, um über eine Eigenschaft Gottes nachzudenken oder über eine der oben angeführten Bibelstellen. Dann gebe ich ihm die Herrlichkeit und Ehre, die ihm aufgrund dieser Wesenszüge zustehen.

Zur körperlichen Verdeutlichung meiner Verherrlichung, Scheu und Ehrfurcht bete ich am liebsten kniend. Anbetung ist Herzenssache und hat mit Körperstellung nichts zu tun; dennoch lesen wir in der Schrift oft vom „gebeugten Knie" als Zeichen der Ehre und Anbetung. In Psalm 95,6 ergeht der Ruf an alle: „Kommt, laßt uns anbeten und uns neigen, laßt uns niederknien vor dem HERRN, der uns gemacht hat." Und eines Tages wird jedes Knie sich beugen vor Jesus, um seiner Herrschaft Ehre zu zollen (Philipper 2,10).

Nicht immer ist es möglich, zur Anbetung niederzuknien. Ganz sicher bringt Gott dafür Verständnis auf. Wo es jedoch durchführbar ist, empfehle ich diese kniende Haltung vor Gott, nicht nur als Zeichen der Ehrfurcht, sondern zugleich zur Öffnung unseres Geistes zu gottgefälliger Anbetung.

In diesem Abschnitt habe ich mich bewußt auf persönliche Anbetung beschränkt, auf die Stille Zeit. Damit will ich die gemeinsame, öffentliche Anbetung nicht zurückstellen. Über sie zu sprechen bin ich jedoch nicht befugt. Meine Bitte ergeht an alle Prediger und Pastoren, uns mehr *Unterweisung* über Wesen und Praxis gemeinsamer Anbetung zuteil werden zu lassen. Viele Christen gehen jeden Sonntag in den Gottesdienst, ohne auch nur Gott angebetet zu haben.

Gemeinschaft mit Gott

Die Bedeutung des Gebets, des Nachsinnens über Gottes Wort und der Anbetung verweist unmißverständlich auf die Stille Zeit. Darunter verstehen wir eine festgesetzte Tageszeit, zu der wir in Bibellese und Gebet vor Gott treten. Gemeinschaft mit dem allmächtigen Gott ist ein großes Vorrecht aller Gläubigen. Sie besteht im Hören auf ihn durch das Lesen seines Wortes und im Sprechen mit ihm durch das Gebet.

Für die Stille Zeit gibt es eine Vielzahl von Modellen, zum Beispiel die Bibel in einem Jahr durchzulesen und Gebetsanliegen vor Gott zu bringen. Hauptziel unserer stillen Zeit ist aber Gemeinschaft mit Gott, um die persönliche Beziehung zu ihm und das Wachstum unserer Hingabe zu pflegen.

Nach einer anfänglichen Zeit der Anbetung schlage ich meine Bibel auf. Ich lese einen Abschnitt (gewöhnlich ein Kapitel oder mehr) und spreche dabei mit Gott über das Gelesene. Für mich ist die Stille Zeit wie ein Gespräch: Gott spricht durch die Bibel zu mir und ich antworte darauf. Dadurch wird die Stille Zeit in die rechte Bahn gelenkt, sie wird eine Zeit der Gemeinschaft mit Gott.

Anbetung Gottes und Gemeinschaft mit ihm münden in das Gebet, in dem ich meine Anliegen für diesen Tag vor Gott bringe. Die erwähnte Reihenfolge macht mein Gebet zielführender. Im Nachdenken über Gott wehre ich mich gegen die Gefahr, „mit der Tür ins Haus" zu fallen und ihn mit Forderungen zu überhäufen. Zugleich bin ich mir seiner Macht und Liebe bewußt, wodurch mein Glaube an seine Fähigkeit und Bereitschaft zur Erhörung meiner Bitten gestärkt ist. Darum wird auch die Zeit des Bittens ein Erlebnis der Gemeinschaft mit ihm.

Wenn ich an dieser Stelle Schriftverse zum Nachsinnen vorschlage, für eine bestimmte Körperhaltung der Anbetung plädiere und eine Reihenfolge für die Stille Zeit erkläre, möge der Leser nicht den Schluß ziehen, die Vertiefung meiner Hingabe sei nur eine Frage der richtigen Methode. Was mir selbst hilfreich erscheint, kann keine Vorschrift an andere sein. Es geht mir hier um eines: Obwohl Wachstum in der Hingabe ausschließlich Gottes Werk ist, beruht es auf unseren konkreten Verhaltensweisen. Wir sollen Gottseligkeit trainieren und dazu gehört harte Arbeit. Nur durch tägliches Training läßt sich Olympianiveau erreichen.

Die Nagelprobe

Wir haben nun einige konkrete Aktivitäten betrachtet, die unsere Hingabe an Gott vertiefen, Gebet, Nachsinnen über die Schrift, Anbetung und Stille Zeit. Dazu gehört noch ein weiterer Aspekt: Gehorsam Gott gegenüber oder anders ausgedrückt: Lebenshaltung statt Aktivität. Das ist die Nagelprobe für unsere Gottesfurcht und die einzige echte Reaktion auf seine Liebe. Gottesfurcht wird ausdrücklich mit Gehorsam verknüpft (5. Mose 6,1-2), und in Sprüche 8,13 lesen wir: „Die Furcht des HERRN bedeutet, Böses zu hassen." Ob ich Gott wirklich fürchte, entscheidet sich daran, ob ich das Böse wirklich hasse und ein tiefes Verlangen verspüre, seinen Geboten zu folgen.

Zur Zeit Nehemias waren die vornehmen Juden Gott ungehorsam, indem sie ihren Landsleuten Wucher abverlangten. Nehemia hält ihnen vor: „Nicht gut ist die

Sache, die ihr da tut! Solltet ihr nicht in der Furcht unseres Gottes leben, um dem Hohn der Nationen, unserer Feinde, zu entgehen?" (Nehemia 5,9). Genauso gut hätte er sagen können: „Solltet ihr nicht Gott *gehorchen*, um dem Hohn der Feinde zu entgehen?" Ein Leben in der Furcht des Herrn ist für Nehemia dasselbe wie Gehorsam. Wer keine Gottesfurcht hat, hält es für nutzlos, seine Gebote zu befolgen. Das Maß unseres Gehorsams ist ein Kriterium für unsere Ehrfurcht vor Gott.

In analoger Weise sahen wir bereits in Kapitel 2, wie Paulus das Wissen um Gottes Liebe dazu drängte, nicht mehr sich selbst, sondern Christus zu leben, der für ihn gestorben war. Unser Gebet um ein tieferes Verständnis für seine Liebe erhört Gott oft, indem er uns die eigene Sündhaftigkeit zeigt. Gegen Ende seines Lebens schreibt Paulus: „Christus ist in die Welt gekommen, Sünder zu retten, von denen ich der erste bin" (1. Timotheus 1,15). Unsere Sünden als Christen mögen nach außen hin nicht so gravierend sein wie vor der Bekehrung, sind aber vor Gott noch greulicher, weil sie Sünden gegen Erkenntnis und Gnade sind. Wir sündigen wider besseres Wissen und trotz seiner Liebe, im vollen Bewußtsein unseres Tuns. Doch unter dem Kreuz erkennen wir voll Staunen, mit welch großer Liebe Jesus auch diese Sünden getragen hat. Das Staunen über seine grenzenlose Gnade drängt uns dazu, reinen Tisch zu machen und die Sünde zu töten. Gottesfurcht und Gottesliebe führen uns gleichermaßen in den Gehorsam, der zugleich ihre Echtheit unter Beweis stellt.

Tiefere Sehnsucht

Je weiter unsere Ehrfurcht und Scheu vor Gott zunehmen und unser Verständnis seiner Liebe zu uns wächst, desto stärker wird unsere Sehnsucht nach ihm. Die vermehrte Erkenntnis seiner Herrlichkeit läßt uns ihn ungeteilter suchen. Und je besser uns seine Retterliebe bewußt ist, desto näher wollen wir ihn kennenlernen. Doch vergessen wir nicht, auch um mehr Verlangen nach Gott zu beten. Vor einigen Jahren las ich Philipper 3,10 und spürte etwas von dem tiefen Verlangen des

Apostels Paulus, Christus besser zu erkennen. Im Lesen betete ich: „O Gott, ich kann diese Sehnsucht nicht von mir behaupten, möchte aber dorthin kommen." Im Laufe der Jahre hat Gott dieses Gebet Schritt für Schritt erhört. Durch seine Gnade kenne ich nun aus eigenem Erleben die Worte Jesajas: „Mit meiner Seele verlangte ich nach dir in der Nacht; ja, mit meinem Geist in meinem Innern suchte ich dich" (Jesaja 26,9). Ich danke Gott für sein Wirken und bete weiter um die Stärkung meiner Sehnsucht nach ihm.

Das Wunderbare an Gott ist die Unendlichkeit all seiner Eigenschaften. Darum wird seine Selbstoffenbarung an uns kein Ende finden. Je besser wir ihn kennen, desto tiefer verlangt uns nach ihm und mit steigender Sehnsucht nach Gott werden wir seine Gemeinschaft und seine Gegenwart verstärkt suchen. Je mehr Sehnsucht wir nach Gemeinschaft mit ihm haben, desto heftiger wird unser Verlangen, so wie er zu sein.

Paulus' Herzensschrei in Philipper 3,10 drückt dieses Verlangen lebhaft aus. Der Apostel will Christus erkennen und Christus gleich sein. Er will die Gemeinschaft mit ihm erleben, sogar die Gemeinschaft seiner Leiden und natürlich die verändernde Kraft seines Auferstehungslebens. Er sucht Christuszentriertheit und Christusgleichheit.

Das ist Gottseligkeit: Gottzentriertheit, also Hingabe an Gott; und Gottgleichheit, also christliche Charakterbildung. Arbeit an der Gottseligkeit umfaßt sowohl die Vertiefung der Hingabe als auch die Einübung eines gottgefälligen Lebensstils, dies wird andere Menschen beeinflussen.

Der Rest dieses Buches wird sich der anzustrebenden Gottähnlichkeit widmen. Ein gottähnliches Wesen können wir jedoch nur durch totale Hingabe an Gott erlangen. Unser Leben muß auf ihn ausgerichtet sein, wenn unser Charakter und Verhalten gottgemäß sein sollen.

Das können wir gar nicht genug betonen. Zu oft konzentrieren wir uns ganz auf die Äußerlichkeiten unseres Charakters und Verhaltens, ohne das Fundament der Hingabe an Gott zu legen. Die Folge sind kalte Moral und Gesetzlichkeit, oder viel schlimmer, Selbstgerechtigkeit und geistlicher Stolz. Selbstverständlich wachsen Hingabe an Gott (das Fundament) und gottgefälliges Leben (der Aufbau) Hand in Hand. Diese beiden Aspekte der Gottseligkeit sind untrennbar miteinander verbunden.

Wegen der Bedeutung eines festen Fundaments der inneren Hingebung würde ich anregen, jetzt die Hauptelemente der Hingabe in Kapitel 2 zu wiederholen. Rufen Sie sich dann nochmals dieses Kapitel in Erinnerung und fassen Sie konkrete Pläne zur Einübung der Hingabe an Gott. Ohne praktischen Einsatz ist eine geistliche oder körperliche Fertigkeit unmöglich zu erlangen.

Viele mögen dabei an endlose Übungsstunden denken und sich voll Grauen an die Tonleitern auf dem Klavier erinnern, während die Freunde draußen spielen. Doch die Vertiefung unserer Beziehung zu Gott liegt auf ganz anderer Ebene als Musikstunden vergangener Jahre. Schließlich geht es um unsere Hingabe an die herrlichste Person des Alls, den unendlich mächtigen und liebevollen Gott. Nichts kommt dem Vorrecht gleich, ihn zu erkennen, vor dessen Angesicht Fülle von Freuden ist und in dessen Rechter Lieblichkeiten immerdar (Psalm 16,11).

5

Das Wesen Gottes kennenlernen

Zieht nun an als Auserwählte Gottes,
als Heilige und Geliebte:
herzliches Erbarmen, Güte,
Demut, Milde, Langmut.
Kolosser 3,12

Gottseligkeit beinhaltet zwei einander ergänzende und sich vervollständigende Grundelemente, die der Gläubige mit gleichem Einsatz trainieren muß. Das erste ist die Gottzentriertheit, die wir als Hingabe an Gott definierten; das zweite Gottgleichheit oder geistliches Wesen. Ein gottseliges Wesen entsteht aus der Hingabe an Gott und beglaubigt die Echtheit dieser Hingabe.

Es ist gut und notwendig, Ehrfurcht vor Gott zu empfinden, das Herz in Anbetung seines großen Namens zu erheben. Die Echtheit unserer Hingabe beweist aber erst das ernste Verlangen und ehrliche Bemühen, ihm gleich zu sein. Paulus wollte nicht nur Christus erkennen, er wollte ihm gleichgestaltet werden. Diesem Ziel strebte er mit unermüdlichem Einsatz entgegen.

Bisher haben wir in unseren Betrachtungen hauptsächlich über Hingabe gesprochen, die Gottzentriertheit. Nun wenden wir uns der Gottgleichheit zu, der Heranbildung eines geistlichen Charakters. Welche Wesenszüge zeichnen den

Gläubigen aus? Als Ausgangspunkt dazu mag die Frucht des Geistes in Galater 5,22 dienen. Diese Aufzählung ist freilich nicht als vollständige Liste gedacht. Alle anderen, in der Schrift geforderten, Wesenszüge sind genauso eine geistliche Frucht und entstehen ausschließlich durch sein Wirken. Somit kommen zu den Wesenszügen von Galater 5 (Liebe, Freude, Friede, Langmut, Freundlichkeit, Güte, Treue, Sanftmut, Enthaltsamkeit) noch Heiligkeit, Demut, Mitgefühl, Genügsamkeit, Dankbarkeit, Anteilnahme, Aufrichtigkeit und Standhaftigkeit dazu.

Vermutlich wird unsere erste Reaktion lauten: „Das schaffe ich nie"; und das Arbeitspensum ist tatsächlich überwältigend. Wären wir auf unsere eigene Kraft angewiesen, würden wir es tatsächlich nie schaffen. Diese Wesenszüge sind jedoch die Frucht des Geistes, das Ergebnis seines Wirkens an uns. Freilich sind wir für die Arbeit an unserem Charakter verantwortlich, doch müssen wir diese Verantwortung unter seiner Befähigung und Anleitung wahrnehmen. Diese Sicht macht christliches Wesen überhaupt möglich, und *nur* die göttliche Dimension verurteilt unsere Arbeit am eigenen Charakter nicht von vornherein zum Scheitern.

In den folgenden Kapiteln werden wir einige dieser Wesenszüge detaillierter untersuchen. Einige Grundprinzipien gelten jedoch generell für alle.

Das rechte Motiv

Der erste Grundsatz christlicher Charakterbildung lautet: *Hingabe an Gott ist der einzige richtige Beweggrund für gottgefälliges Handeln*. Diese Hingabe kann auf verschiedene Art und Weise zum Ausdruck kommen. Wir mögen ernstlich danach verlangen, Gott zu gefallen und ihn zu ehren; wir mögen eine bestimmte Handlung aus Liebe zu Gott tun oder unterlassen, oder wir mögen aus dem tiefen Empfinden handeln, er habe unseren Gehorsam verdient ... Wie unsere Motivation auch immer lauten mag, sie muß gottzentriert sein, also aus der Hingabe an ihn kommen, um ihm wohlgefällig zu sein.

Leider sind unsere Beweggründe nur allzu oft selbstzentriert statt gottzentriert. Wir wollen unseren Ruf vor anderen rechtfertigen oder ein siegreiches Leben führen, um uns selbst zu bestätigen. Wir mögen sogar ein anständiges und sittliches Leben führen, weil uns das anerzogen wurde. Diese Beweggründe haben jedoch nichts mit Gott zu tun und sind daher nicht gottgefällig.

Als die Frau Potifars Joseph verführen wollte, antwortete dieser nicht: „Wenn ich das tue und mein Meister davon erfährt, würde mich das meinen Kopf kosten." Nein, er sagte: „Wie sollte ich dieses große Unrecht tun und gegen Gott sündigen?" (1. Mose 39,9). Sein Beweggrund für moralisches Handeln war gottzentriert und darum gottgefällig.

In diesem Zusammenhang erinnere ich mich an eine Versuchung in einer finanziellen Angelegenheit. Es war einer der „grauen Bereiche", in denen wir uns gern entschuldigen und rechtfertigen. Während ich die Sache durchdachte, sagte ich mir schließlich: Ich lasse das besser sein, Gott könnte mich dafür strafen. Versagen alle guten Motive, ist es freilich besser, aus Furcht vor Gottes Strafe dem Unrecht abzusagen, als in Sünde zu fallen. Trotzdem ist das kein richtiges Motiv. Damals eilte mir der Heilige Geist zu Hilfe und mein nächster Gedanke war: „Nein, die Angst vor der Strafe ist das falsche Motiv, vielmehr: Ich darf das nicht tun, weil Gott es verdient hat, daß ich mich makellos verhalte." Der Heilige Geist half mir, meine Selbstzentriertheit zu erkennen und meine Beweggründe auf Gott auszurichten.

Als Gott Abraham befahl, seinen Sohn Isaak zu opfern, ging es um einen Motivationstest. Gott sagte, während er Abraham im letzten Augenblick vom Zustoßen abhielt: „Denn nun habe ich erkannt, daß du Gott fürchtest, da du deinen Sohn, deinen einzigen, mir nicht vorenthalten hast" (1. Mose 22,12). Abrahams Gottesfurcht hatte ihn so weit gebracht, diesen höchsten Glaubensakt zu vollziehen. Gewöhnlich schreiben wir Abrahams Gehorsam seinem Glauben zu. Sein Glaube *befähigte* Abraham, Isaak zu opfern, doch seine Gottesfurcht *motivierte* ihn dazu. Diese innere Ausrichtung auf Gott sah der Herr, sie gefiel ihm wohl und er schenkte reichen Segen.

Diese gottzentrierte Motivation wird an vielen Stellen des Neuen Testaments betont. Jesus führt das gesamte Gesetz und die Propheten auf die Gebote der Gottesliebe und der Menschenliebe zurück (Matthäus 22,37-40). Diese beiden Gebote fassen nicht nur alle konkreten Teilgebote zusammen, sondern die Erfüllung der übrigen Gesetze hängt von der Motivation durch die Liebe ab. Die Angst vor den Folgen mag uns von der äußeren Handlung von Mord und Ehebruch abhalten, aber nur Liebe kann Mord und Ehebruch in unserem Herzen verhindern.

Nach 1. Korinther 10,31 sollen wir sogar zu Gottes Ehre essen und trinken. Nichts ist alltäglicher als Essen und Trinken; doch auch diese Handlungen sollen im Blick auf Gott geschehen. Den Sklaven wird aufgetragen, ihren irdischen Herren aus Gottesfurcht zu gehorchen (Kolosser 3,22). Wir alle sollen uns „um des Herrn willen" der Obrigkeit unterordnen (1. Petrus 2,13). Auch unsere zwischenmenschlichen Beziehungen, unsere Unterordnung voreinander, sollen von der „Furcht Christi" gezeichnet sein (Epheser 5,21). Alles muß Gott wohlgefällig sein und aus tiefer Hingabe an Gott geschehen.

Die Kraftquelle

Das zweite Prinzip christlicher Charakterbildung lautet: *Die Kraft und Befähigung zu gottgefälligem Leben kommt vom auferstandenen Christus.* Paulus sagt über seinen Dienst: „Unsere Tüchtigkeit ist von Gott" (2. Korinther 3,5), und: „wozu ich mich auch bemühe und kämpfend ringe gemäß der Wirksamkeit, die in mir wirkt in Kraft" (Kolosser 1,29). Von seiner Fähigkeit, sich in jede Lage zu schicken, sagt er: „Alles vermag ich in dem, der mich kräftigt" (Philipper 4,13).

Sehr wahrscheinlich hat Gott dem Apostel Paulus zu dessen Berufung größere Fähigkeiten und Charakterstärken gegeben als jedem anderen und dennoch schreibt dieser seine geistliche Kraft dem Wirken des Herrn zu. Jemand sagte einmal: „Wenn ich etwas falsch mache, bin ich selber schuld und wenn ich etwas richtig mache, muß ich Gott dafür danken," Das war als Klage gedacht, ist aber ganz richtig. Unsere

Sünden können wir bestimmt nicht Gott vorhalten, aber nur er kann uns die geistliche Kraft zu gottgefälligem Lebenswandel verleihen.

Wie die *Quelle* unserer Kraft in Christus liegt, entstammen auch die *Mittel* zur Umsetzung dieser Kraft aus unserer Beziehung zu ihm. Diese Wahrheit kommt in Jesu Gleichnis vom Weinstock und den Reben in Johannes 15 zum Ausdruck. Nur im Bleiben an ihm können wir die Frucht eines gottgefälligen Charakters hervorbringen.[1] Was es bedeutet, an Christus zu bleiben, hat der Schweizer Theologe Frederic Louis Godet so erklärt: „An Christus bleiben ist das unablässige Beiseitesetzen alles dessen, was der Christ aus seiner eigenen Weisheit und Stärke und aus eigenem Verdienst erlangen könnte, um aus Christus zu leben."[2]

Diese Wahrheit bezeichnet Paulus als „in Christus wandeln." In Kolosser 2,6-7 sagt er: „Wie ihr nun den Christus Jesus, den Herrn, empfangen habt, so wandelt in ihm, gewurzelt und auferbaut in ihm und befestigt im Glauben, wie ihr gelehrt worden seid, darin überströmend mit Danksagung." Im Textzusammenhang wird alle Weisheit und Kraft zum Christsein auf Christus statt auf menschliche Philosophien und Moralismen zurückgeführt (siehe Vers 2-4 und 8-10). So sieht es Gott ebenfalls. Wir müssen jedes Vertrauen auf eigene Weisheit und Charakterstärke beiseitesetzen, um alles durch den Glauben aus Christus zu beziehen. Dieser Glaube findet seinen konkreten Ausdruck im Gebet. Psalm 119,33-37 ist ein gutes Beispiel für ein derartiges Vertrauensgebet.

Ein weiteres Mittel zum Bleiben an Christus besteht darin, Christi Herrlichkeit in seinem Wort zu betrachten. Nach 2. Korinther 3,18 werden wir im „Anschauen" der Herrlichkeit des Herrn in sein Bild umgestaltet. Dieses Anschauen im Wort ist aber viel mehr als sich die irdische Lebzeit unseres Herrn vor Augen zu führen. Hierbei geht es um sein Wesen, seine Eigenschaften und seinen Willen. Indem wir ihn betrachten und durch sein Wort die Beziehung zu ihm pflegen, werden wir mehr und mehr ihm gleichgestaltet. Der Heilige Geist läßt uns in zunehmendem Maße die Züge eines geistlichen Charakters tragen.

Die Beziehung zu Christus ist es also, die im Betrachten seiner Herrlichkeit im Wort und in der Abhängigkeit von ihm im Gebet die Kraft zu einem gottgefälligen Leben verleiht. Der Christ ist kein Kraftfahrzeug mit eigener Energiequelle, sondern eher ein Elektromotor, der ständig an das Stromnetz angeschlossen bleiben muß. Unsere Kraftquelle ist der auferstandene Christus und den Anschluß an ihn bildet das Betrachten seiner Herrlichkeit im Wort und die Abhängigkeit von ihm im Gebet.

Verantwortung und Abhängigkeit

Ein drittes Prinzip christlicher Charakterbildung: *Obwohl die Kraft zum Wachstum von Christus kommt, liegt die Verantwortung zur Arbeit am eigenen Wesen bei uns.* Dieses Prinzip ist ungemein schwierig zu verstehen und umzusetzen. Einmal wird uns die persönliche Verantwortung bewußt und wir versuchen aus eigener Willenskraft ein gottgefälliges Leben zu führen. Bald erkennen wir die Unsinnigkeit dieses Bemühens und vertrauen uns, aller persönlichen Verantwortung absagend, ganz Christus an. Kurzum, es gilt, beide Aspekte biblischer Lehre zu beachten: umfassende Verantwortung und völlige Abhängigkeit von Gott in allen Bereichen des Christseins.

Einmal las ich, der Christ könne nichts tun, um die Frucht des Geistes in seinem Leben zu fördern; sie sei voll und ganz das Werk des Heiligen Geistes. Diese Aussage erschien mir zu einseitig, weshalb ich meine Konkordanz zur Hand nahm und mehrere Parallelstellen von Galater 5,22 überprüfte. Dabei entdeckte ich bei jedem Aspekt der Frucht des Geistes den biblischen Befehl, diesen Charakterzug zur Schau zu stellen. Die Schrift befiehlt uns, einander zu lieben, uns zu freuen, im Frieden auszukommen und so weiter. Diese Gebote sprechen unsere persönliche Verantwortung an.

Wie wir bereits sahen, war Timotheus dafür verantwortlich, sich zur Gottseligkeit zu üben (1. Tim 4,7); er sollte nach der Gottseligkeit *streben*. Paulus bezeichnet sein eigenes Streben nach einem gottähnlichen Leben mit eindrücklichen Wörtern wie „nachjagen" und „ausstrecken"

(Phil. 3,12-14). Das beweist intensive Anstrengungen und gibt seinen Sinn der persönlichen Verantwortung unmißverständlich wieder.

Die Lösung auf diese scheinbar widersprüchlichen Aussagen, wir wären zugleich unumschränkt eigenverantwortlich und völlig von Gott abhängig, liegt in Philipper 2,12-13: „Daher, meine Geliebten, wie ihr allezeit gehorsam gewesen seid, nicht nur in meiner Gegenwart, sondern jetzt noch viel mehr in meiner Abwesenheit, bewirkt euer Heil mit Furcht und Zittern! Denn Gott ist es, der in euch wirkt sowohl das Wollen als auch das Wirken zu seinem Wohlgefallen."

Über diesen Text schreibt Professor Jac J. Müller: „Der Gläubige wird hier zum Handeln aufgerufen, zur aktiven Suche nach dem Willen Gottes, um sein eigenes geistliches Leben zu fördern und die Umsetzung der christlichen Tugenden zur persönlichen Verwirklichung des Heils anzustreben."[3] Bis hierher sieht es aus, als seien wir auf uns selbst gestellt, gänzlich auf unsere Charakterstärke und Willenskraft angewiesen. Paulus hört aber hier nicht auf. Er fährt fort: „Denn Gott ist es, der in euch wirkt." Die geistliche Kraft, die uns zur Arbeit an den christlichen Tugenden befähigt, stammt von Gott, der eben in uns das Wollen und das Wirken bewirkt.

Der holländische Pastor George W. Bethune, ein Reformierter des 19. Jahrhunderts, drückt das so aus:

> „Während wir also aus göttlicher Gnade im Christsein zunehmen, ist unser Wachstum eine *Pflicht unsererseits*. Die göttliche Gnade ist zwar eine von Gott kommende Kraft, muß aber aktiv beansprucht werden. Die Gnade verleiht keine neuen Fähigkeiten, sondern stärkt die bestehenden ... Daher sind die Früchte des Geistes die Eigenschaften und Handlungen des neuen Menschen, die nicht ohne sein Mitwirken wachsen, sondern durch ihn entstehen ... Wollen wir unsere völlige Abhängigkeit von dem Heiligen Geist niemals vergessen ... wollen wir uns aber auch unsere Pflicht zu guten Werken vor Augen halten."[4]

Ablegen und anziehen

Das vierte Prinzip eines gottseligen Wesens ist: *Geistliche Charakterbildung beinhaltet sowohl das Ablegen als auch das Anziehen von Wesenszügen.* In Paulus' Worten: „daß ihr, was den früheren Lebenswandel angeht, *den alten Menschen abgelegt habt,* der sich durch die betrügerischen Begierden zugrunde richtet, dagegen erneuert werdet in dem Geist eurer Gesinnung und *den neuen Menschen angezogen* habt, der nach Gott geschaffen ist in wahrhaftiger Gerechtigkeit und Heiligkeit" (Epheser 4,22-24) kommt dieses Prinzip klar zur Anwendung.

In den nächsten Versen (4,25 - 5,4) geht es konkret darum, Lüge abzulegen und Wahrheit anzuziehen; nicht mehr zu stehlen, sondern freigebig zu sein; faules Gerede abzulegen, einander zu helfen und zu erbauen; Bitterkeit, Wut, Zorn und Lästerung durch Güte, Mitleid und Vergebung zu ersetzen. Unanständiges und albernes Geschwätz soll der Danksagung Raum geben. Sogar die Liste verschiedener Tugenden in Galater 5,22, die Frucht des Geistes, folgt auf einen langen Katalog von Lastern des sündigen Fleisches, die der Gläubige in sich töten muß.

Von unserem Herrn Jesus heißt es, er liebte Gerechtigkeit und haßte Gesetzlosigkeit (Hebräer 1,9). Diesem Beispiel gilt es zu folgen, denn Paulus ermahnt uns: „Verabscheut das Böse, haltet fest am Guten" (Römer 12,9). Durch die Kraft des Heiligen Geistes müssen wir die Missetaten des Leibes töten und doch gilt es, mittels der Kraft des Heiligen Geistes Mitleid, Güte, Demut, Milde und Geduld anzuziehen.

So, wie wir eine ausgewogene Lehre über persönliche Verantwortung und völlige Abhängigkeit erwerben müssen, gilt es hier das rechte Gleichgewicht zwischen Ablegen und Anziehen zu erwerben. Manche Christen verlegen sich einseitig auf das Ablegen sündiger Charakterzüge. Sie sind moralisch vorbildlich, lassen jedoch die Tugenden von Liebe, Freude und Erbarmen missen. Fällt ein Mitchrist in Sünde, wird er nicht in Sanftmut zurechtgebracht, sondern aus der Gemeinschaft ausgeschlossen. Ein Bruder, der in Sünde gefallen und wieder umgekehrt war, schrieb mir einmal, die

Gemeinde verstehe es zwar, die verlorenen Sünder zu erreichen, wisse jedoch nicht die eigenen verirrten Schafe zurückzuführen. Diese Einstellung entsteht aus einer einseitigen Konzentration auf das Ablegen sündiger Gewohnheiten bei der christlichen Charakterbildung.

Genauso gefährlich ist es jedoch, uns gänzlich auf Eigenschaften wie Liebe und Nachsicht zu verlegen und dabei den Kampf gegen das sündige Wesen zu unterlassen. Oft neigen wir dazu, die gegenseitige Bestärkung und Ermutigung zu betonen. Wir helfen einander, eine „positive Lebenseinstellung zu gewinnen." Zweifellos brauchen wir im Leib Christi diese Ermutigung, doch dürfen wir den Kampf gegen die Taten des sündigen Fleisches keinesfalls vernachlässigen.

So müssen wir das alte Wesen ablegen und einen neuen Charakter anziehen. Wer gottselig leben will, darf beide Aspekte nicht vergessen.

Ausgewogenes Wachstum

Nun zum fünften Prinzip geistlicher Charakterbildung: *Wir müssen in allen Bereichen wachsen, die zur Frucht des Geistes gehören.* Dazu sind auch Wesenszüge wie Barmherzigkeit, Nachsicht und Demut zu zählen. Sie kommen in der neunfachen Liste von Galater 5 nicht vor, sind deshalb aber genauso dem Wirken des Heiligen Geistes zuzuschreiben. Ein gottseliger Charakter ist ausgewogen. Er umfaßt sämtliche, in der Schrift als Merkmale des Gläubigen dargestellte, Tugenden.

Wir neigen dazu, die unserem Temperament leichtfallenden Wesenszüge vorzuziehen. Die Frucht des Geistes ist aber nicht ausschließlich Temperamentsache. Der geistliche Christ wird unter der Führung und Befähigung des Geistes in jedem Lebensbereich verändert.

Der Schriftsteller Tim LaHaye meint, der griechische Arzt und Philosoph Hippokrates sei es gewesen, dem wir die vierfache, heute weit verbreitete, Einteilung der Temperamente verdanken. Hippokrates unterscheidet den jovialen Sanguiniker, den willensstarken Choleriker, den gefühlsbetonten Melancholiker und den verläßlichen Phlegmatiker.

Dem Sanguiniker fällt es leicht, sich am Herrn zu freuen oder mitfühlend und herzlich zu sein. Zugleich hat er Probleme mit Selbstzucht und Verläßlichkeit. Um die letztgenannten Tugenden muß er anhaltend beten und intensiv kämpfen. Vor allem muß er die Notwendigkeit dieser Merkmale erkennen, die ihm so schwer fallen. Er darf sich für seine Unverläßlichkeit nicht durch sein Temperament entschuldigen: „So bin ich eben einmal."

Der gleichmütige und oft emotionslose Phlegmatiker hingegen hat mit Verläßlichkeit keinerlei Schwierigkeiten, kann sich aber nur schwer zu Freude durchringen. Ich selbst gehöre am ehesten diesem Typus an. Verläßlichkeit ist bei mir großgeschrieben, eine übertragene Verantwortung erfülle ich meist sehr gewissenhaft. Nur der Freude muß ich größere Aufmerksamkeit widmen. Vor einigen Jahren wies mich der Herr auf das Schriftwort hin: „Denn das Reich Gottes ist nicht Essen und Trinken, sondern Gerechtigkeit und Friede und Freude im Heiligen Geist" (Römer 14,17). Ich mußte lernen, Freude ist genauso wichtig wie alle anderen christlichen Tugenden.

Doch müssen wir unter der Anleitung des Geistes auch an den Wesenszügen arbeiten, die uns leichtfallen. Oft stellt uns Gott in Situationen, die unseren Charakter gerade in seinen Stärken auf eine harte Probe stellen, damit wir Frucht des Geistes und nicht unserer eigenen Stärken entwickeln. Wer von Natur aus verläßlich ist, mag zum Beispiel ins Schwanken geraten, sobald er auf Hindernisse stößt. Der Gottselige hält aber auch Wort, wo es ihn etwas kostet.

Der Choleriker findet es unverständlich, weshalb alle anderen Christen Probleme mit Selbstbeherrschung kennen. Selbstzucht und Enthaltsamkeit fallen ihm nicht schwer. Weil er aber als Gläubiger die gesamte Frucht des Geistes zur Schau stellen will, wird er sich ein wenig in Geduld und Nachsicht mit anderen üben müssen.

Der Melancholiker ist sich der Bedürfnisse anderer sehr wohl bewußt und opfert sich in seinen Beziehungen oft selbstlos auf. Zugleich neigt er zu Kritikgeist und Mangel an Vergebungsbereitschaft. Diese Bereiche muß er umso ernsthafter dem Heiligen Geist anvertrauen.

Ich will beileibe nicht meine Psychologiekenntnisse unter Beweis stellen, sondern lediglich die unterschiedlichen Veranlagungen, welche unsere Arbeit an der Frucht des Geistes beeinflussen, hervorheben. Hier lautet das Prinzip: *Wir sind dafür verantwortlich, alle Tugenden des christlichen Charakters ausgewogen zu fördern.* In manchen Bereichen wird uns das schwerer fallen als in anderen. Dort müssen wir uns ernsthaft bemühen und beständig beten, aber das ist ganz einfach der Preis den wir bezahlen müssen, um in der Gottseligkeit zu wachsen.

Lebenslanges Wachstum

Das sechste Prinzip christlicher Charakterbildung lautet: *Das Wachstum ist in allen Bereichen lebenslang und nie abgeschlossen.* Das wußte sogar der Apostel Paulus. Im Zusammenhang mit seinem Verlangen, Christus zu erkennen und ihm gleichgestaltet zu sein, sagt er: „Nicht, daß ich es schon ergriffen habe oder schon vollendet sei; ich jage ihm aber nach" (Philipper 3,12). Selbst gegen Ende seines apostolischen Wirkens im Gefängnis strebte er vorwärts und setzte alles daran, in der Erkenntnis und Gleichheit Christi weiterzuwachsen.

Selbst wo wir bereits Fortschritte erzielt haben, müssen wir weiterlernen. In seinem ersten Brief an die Thessalonicher lobt Paulus ihre gottgeschenkte Liebe zueinander und zu allen Brüdern in Mazedonien. Was für eine Empfehlung! Doch damit gibt sich Paulus nicht zufrieden. Er fährt fort: „Wir ermahnen euch aber, Brüder, reichlicher zuzunehmen" (4,9-10). Christliche Charakterbildung erreicht ihr Ziel erst in der Ewigkeit bei Christus, der uns ganz in sein Bild umgestalten wird.

Wachstum ist lebenslang und nie abgeschlossen, für das geistliche Überleben jedoch absolut notwendig. Stillstand ist

Rückschritt, wir können nicht ein Leben lang auf dem
gleichen Stand verharren. Das Wort *üben*, wie es Paulus in
seiner Ermahnung an Timotheus verwendet („Übe dich zur
Gottseligkeit"), kommt im Neuen Testament nur viermal vor:
1. Timotheus 4,7; Hebräer 5,14 und 12,11 und 2. Petrus 2,14.
In drei Fällen ist das „Übungsziel" positiv und dient zu
Gottes Ehre.

Interessant ist aber die vierte Stelle, 2. Petrus 2,14. Petrus
wettert heftig gegen Irrlehrer und will die Gemeinde vor ihnen
warnen. Er nennt sie in der Habsucht „geübt", eine
ernüchternde Aussage. Es ist möglich, sich im falschen Sinne
zu üben! Das hatten diese Irrlehrer getan. Sie hatten die
Habsucht so lange eingeübt, bis sie wahre Experten waren.

Jeden Tag wächst unser Charakter in eine bestimmte
Richtung. Die Frage ist nur, in welche. Wachsen wir zur
Gottseligkeit oder zur Gottlosigkeit? Wachsen wir zu Liebe
oder Selbstsucht, Unnachgiebigkeit oder Geduld, Habsucht
oder Freigebigkeit, Ehrlichkeit oder Verschlagenheit, Reinheit
oder Befleckung? Jeden Tag üben wir durch unsere
Gedanken, Worte, Handlungen und Taten eines von beiden
ein.

Dieses Fortschreiten im positiven oder negativen Sinn
lehrt auch Paulus in Römer 6,19. Er spricht von der früheren
Versklavung der Römer unter Sünde und Ungerechtigkeit. Sie
hatten sich in der Gottlosigkeit geübt. Doch nun, so Paulus,
sind sie aus der Sklaverei der Sünde befreit, um ihre Leiber
zu Sklaven der Gerechtigkeit zu machen und *zur Heiligkeit zu
gelangen*. Gerechtigkeit ist hier gleichbedeutend mit
Gehorsam, meint also „gerechtes Verhalten." Mit Heiligkeit
ist der Zustand oder Charakter, der diesem Verhalten
entspringt, gemeint. Rechtes Verhalten, also Gehorsam, führt
zur Heiligkeit. Natürlich ist sowohl das Verhalten wie der
Charakter das Werk des Geistes, doch er wirkt durch uns,
und wir können wirken, weil er in uns am Werk ist.

Verhalten und Charakter sind eng miteinander verbunden.
Verhalten auf Dauer gebiert Charakter. Das geht aus 2.
Petrus 2,14 und Römer 6,19 hervor. Doch zugleich bestimmt
der Charakter das Verhalten. Wir werden, was wir tun. Was

wir sind, tun wir. Diese „Wachstumsspirale" ist hier als Kreis dargestellt, wobei ein Aspekt den anderen verstärkt:

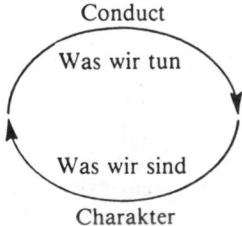

Conduct

Was wir tun

Was wir sind

Charakter

Das Verhalten wirkt sich unweigerlich auf den Charakter aus, der Charakter wiederum beeinflußt das Verhalten. Ein gutes Beispiel dafür ist Paulus nach seinem Schiffbruch auf der Insel Malta. Die Inselbewohner hatten zum Schutz der Geretteten vor Regen und Kälte ein Feuer entzündet. In Apostelgeschichte 28 berichtet Lukas, wie Paulus Feuerholz sammelte. Als er es in die Flammen warf, sprang eine Schlange aus dem Reisig und biß sich in seiner Hand fest. Wie kam Paulus dazu, nach einem Schiffbruch noch Brennholz für ein Feuer zu sammeln, das andere angezündet hatten? Warum stand er nicht am Feuer und wärmte sich? Die Antwort ist einfach: Dienen war ihm in Fleisch und Blut übergegangen (siehe Apg 20,33-35 und 1. Thessalonicher 2,7-9). Er hatte die Lektion, die Jesus seinen Jüngern durch die Fußwaschung beibringen wollte, gelernt. Darum konnte er nicht anders, als Feuerholz zu sammeln. Daran verschwendete er wohl keinen einzigen Gedanken. Er tat einfach, was ihm sein Charakter als Diener vorgab.

Da unser Verhalten den Charakter bestimmt und unser Charakter das Verhalten, ist es von größter Bedeutung, jeden Tag Gottseligkeit zu trainieren. Darum sagt Petrus: „Deshalb wendet allen Fleiß auf und reicht in eurem Glauben die Gottseligkeit (dar)" (2. Petrus 1,5-6). In unserem Streben nach Gottseligkeit dürfen wir nie nachlässig werden. Jeden Tag, an dem wir nicht Gottseligkeit trainieren, stellen wir uns der gottlosen Welt gleich. Freilich ist unser Training mangelhaft und weit vom biblischen Olympialimit entfernt. Deshalb dürfen wir noch lange nicht das Handtuch werfen und aufhören, ihm nachzustreben.

Realistische Erwartungen bilden

Beim Streben nach Gottseligkeit gilt es, eine wichtige Wahrheit zu beachten, weil ansonsten Überforderung und Ernüchterung nicht ausbleiben. In den folgenden zwölf Kapiteln über geistliche Wesenszüge sind unzählige praktische Hinweise und Anregungen enthalten, und am Ende könnte der eifrige Leser auf zwanzig oder mehr Wachstumsbereiche kommen, in denen er Veränderung nötig hat.

Davor möchte ich ausdrücklich warnen. Verteilen Sie ihre geistliche Energie nicht zu stark, Sie würden überall und nirgends arbeiten. Unweigerlich würde sehr bald alle Mühe im Sande verlaufen. Dann wird der Teufel einhaken, um Sie zu entmutigen und zur Aufgabe zu bewegen.

Zweimal bezeichnet Paulus die Christen als Menschen, die vom Geist *geleitet* werden (Römer 8,14 und Galater 5,18). In beiden Fällen geht es nicht um Führung bei Entscheidungen, sondern um Leitung in Fragen des Verhaltens und Charakters. Wer vom Geist geleitet ist, tötet die Lüste des Fleisches und verwehrt sich gegen die Begierden der sündigen Natur.

Der Heilige Geist leitet uns *objektiv* durch die Unterweisung in seinem Wort. Dort erfahren wir seinen, alle Christen gleichermaßen betreffenden, Willen. Doch leitet er uns auch *subjektiv*, indem er uns auf bestimmte Schriftstellen hinweist und sie in konkrete Lebenssituationen überträgt. So weist er uns auf wesentliche Schwerpunkte zu bestimmten Zeiten hin; so leitet er uns in der Erstellung einer Prioritätenfolge an. Diese entscheidende Wahrheit müssen wir im Streben nach der Gottseligkeit beachten.

Halten Sie in den folgenden Kapiteln über geistliche Wesenszüge vor allem nach allgemeinen Prinzipien Ausschau. Wählen Sie für jedes Kapitel mindestens eine Bibelstelle zum

Auswendiglernen, um die Quintessenz der biblischen Lehre über diesen Charakterzug dem Herzen einzuprägen. Der Heilige Geist wird auf diese Schriftstellen zurückgreifen, um Sie in bestimmten Situationen auf Wachstumsbereiche hinzuweisen.

Zusätzlich zu diesen allgemeinen Richtlinien mögen Sie den Heiligen Geist bitten, Sie auf zwei oder drei Charakterzüge besonders aufmerksam zu machen, um hier und jetzt daran zu arbeiten. Konzentrieren Sie sich auf diese. Später wird der Geist anderen den Vorzug geben. Unser geistliches Wachstum liegt in seiner Hand; er ist unser Trainer und Ausbilder. Und er wird uns nie überfordern oder verwirren.

Anmerkungen

1. Meines Erachtens meint Jesus an dieser Stelle die Frucht eines geistlichen Charakters und Verhaltens (Johannes 15,1-6). Die Frucht der Evangelisation bezeichnen Jesus und Paulus mit dem Bild des Erntens oder Sammelns, nicht des Fruchtbringens (Johannes 4,36; Römer 1,13). In Matthäus 7,15-23 bezieht sich Jesus ganz sicher auf die *Frucht* von Charakter und Verhalten.

2. Frederic Louis Godet: *Commentary on John's Gospel* (Grand Rapids, Mich.: Kregel Publications 1978), S. 855

3. Jac J. Müller: „The Epistles of Paul to the Philippians and to Philemon", in: *The New International Commentary on the New Testament* (Grand Rapids, Mich.: Eerdmans 1978), S. 91

4. George W. Bethune: *The Fruit of the Spirit* (1839; Neuaufl. Swengel, Penn.: Reiner Publications), S. 32-34

6

Demut

Denn jeder, der sich selbst erhöht,
wird erniedrigt werden;
wer aber sich selbst erniedrigt,
wird erhöht werden.
Lukas 18,14

Hingabe an Gott ist der erste Aspekt der Gottseligkeit; ein gottgleicher Charakter der zweite. Nun stellt sich die Frage, ob Demut überhaupt ein gottgleicher Wesenszug ist, denn Demut obliegt dem Geschöpf und nicht dem Schöpfer. Doch zweifellos will Gott Demut und freut sich über jeden, der sie übt.

Zwei Stellen aus dem Buch Jesaja führen uns das Lob des Demütigen durch Gott vor. In Jesaja 57,15 lesen wir:

Denn so spricht der Hohe und Erhabene,
> der in Ewigkeit wohnt und dessen Name der Heilige
> ist:
In der Höhe und im Heiligen wohne ich
> und bei dem, der zerschlagenen und gebeugten Geistes
> ist,
um zu beleben den Geist der Gebeugten
> und zu beleben das Herz der Zerschlagenen.

Weiter erfahren wir in Jesaja 66,1-2:

So spricht der HERR:

Der Himmel ist mein Thron
und die Erde der Schemel meiner Füße.
Wo wäre denn das Haus, das ihr mir bauen könntet,
und wo denn der Ort meines Ruhesitzes?
Hat doch meine Hand dies alles gemacht,
und alles dies ist geworden,
spricht der HERR.

Aber auf den will ich blicken:
auf den Elenden und auf den,
der zerschlagenen Geistes ist
und der da zittert vor meinem Wort.

Gott erwartet Demut nicht nur von seinem Volk, er lebte sie in seinem Erdenwandel auch voll aus. „Der Gestalt nach wie ein Mensch erfunden, erniedrigte er sich selbst und wurde gehorsam bis zum Tod, ja, zum Tod am Kreuz" (Philipper 2,8). Jesus Christus ist unser größtes Vorbild für Demut. In ärmlichsten Umständen geboren, war er seinen leiblichen Eltern gehorsam; er lud die Menschen ein, zu ihm zu kommen, „denn ich bin sanftmütig und von Herzen demütig"; er war „in eurer Mitte wie der Dienende"; noch in der Nacht seines Verrats wusch er seinen Jüngern die Füße; und er lehrte: „Wer sich selbst erniedrigt, wird erhöht werden." Mag es auch fraglich sein, ob Demut ein *gottgleicher* Wesenszug ist (da wir Gott in seiner Erhabenheit sehen), ist sie zweifelsohne eine *christusgleiche* Eigenschaft. Und ihn sollen wir nachahmen, so wie er auf Erden wandelte.

Dem Demütigen gelten fast atemberaubende Verheißungen. Der unendlich Hohe und Erhabene, der Ewige will bei ihm wohnen, ihm Ehre und Gnade schenken, ihn erhöhen und achten (siehe Jesaja 57,15 und 66,2; Jakobus 4,6; 1. Petrus 5,6 und Lukas 18,14). Demut ist für alle anderen geistlichen Wesenszüge bahnbrechend. Sie ist der Boden, auf dem die Frucht des Geistes wachsen kann.

Demut findet in allen Beziehungen ihren Ausdruck, zu Gott, zu uns selbst und zu anderen. Wir sind zur Demut dem

Worte Gottes gegenüber, in Nöten, Segnungen, Fähigkeiten, Errungenschaften und anderen Menschen gegenüber aufgerufen. Ähnlich, wie die Liebe, läßt sie sich nicht in Worte fassen; sie kann nur im Alltag ausgelebt und somit erfaßt und verstanden werden.

Demut vor Gott

Demut vor Gott ist mit Gottesfurcht verwandt: Sie setzt an der Wertschätzung seiner Person an. Angesichts seiner Majestät und ehrfurchtgebietenden Heiligkeit demütigen wir uns vor ihm. Wo immer in der Schrift ein Mensch das Vorrecht hatte, Gott in seiner Herrlichkeit zu sehen, erniedrigte und demütigte er sich in seiner Gegenwart. Mose fiel nieder, um anzubeten; Jesaja schrie auf: „Wehe mir!"; Hesekiel stürzte mit dem Gesicht zur Erde; Johannes fiel um, als wäre er tot. Sogar die vier lebendigen Wesen und die vierundzwanzig Ältesten in der Himmelsschau der Offenbarung fallen vor dem Thron des erhöhten Lammes zu Boden.

Demut in allen Lebensbereichen, auch in den Beziehungen zu anderen, beginnt mit Erniedrigung vor dem Unendlichen und Ewigen in seiner Majestät und Heiligkeit. Wir sollen uns unter Gottes mächtige Hand demütigen, stellen Gott in allen Umständen und Beziehungen an vorderster Stelle. Gute Beziehungen und segensreiche Umstände müssen wir dankbar aus Gottes Hand nehmen. Mißhandlung und Not müssen wir in Demut annehmen, weil sie von einem weisen und liebevollen Vater im Himmel kommen.

Allen Lebensbeziehungen liegt Demut vor Gott zugrunde. Demut können wir anderen gegenüber nicht ausleben, solange wir in unserer Haltung zu Gott nicht von tiefer und staunender Demut erfüllt sind. Wissen wir erst unseren Zugang als sündige Geschöpfe zum erhabenen und heiligen Gott zu schätzen, sind wir nicht auf selbstgefällige Vergleiche mit anderen angewiesen. Solange wir ein bleibendes Bewußtsein unserer niedrigen Stellung vor Gott bewahren, werden wir alle Versuchungen von Stolz und Überheblichkeit abwehren.

Zittern vor seinem Wort

Wer sich vor Gott erniedrigt, lernt auch Demut vor seinem Wort. Gott liebt den Demütigen und Zerschlagenen im Geist, der vor seinem Wort erschauert. Als König Josia die Worte des Gesetzes hörte, zerriß er sein Gewand und rief: „Groß ist der Zorn des HERRN, der sich gegen uns erzürnt hat, dafür, daß unsere Väter auf die Worte dieses Buches nicht gehört haben … " (2. Könige 22,11-13). Josia erkannte im Wort Gottes seinen unendlichen Willen, dem es zu gehorchen galt. Ungehorsam würde das Gericht heraufbeschwören. Weil Josia vor dem Wort Gottes erschauerte, war sein Herz offen und bereit zur Demut und Gott erhörte ihn. Josia focht das Wort Gottes nicht an, er gehorchte einfach.

Diese Demut vor der Bibel brauchen wir dringend. Indem wir die Schrift studieren, müssen wir unser Verhalten und unseren Charakter von der Schrift prüfen lassen. Wir dürfen die Schrift nicht als Wissensquelle über Gott benützen, sondern als Ausdruck seines Willens für unser tägliches Leben. Jemand hat gesagt: „Die Bibel ist nicht dazu da, um unser Wissen zu bereichern, sondern um unser Verhalten zu verändern." Zu oft treten wir mit rein intellektueller Wißbegier an die Bibel heran. Wir brauchen nicht Bibelwissen, sondern Gehorsam. Paulus betete um Erkenntnis des Willens Gottes für die Kolosser, damit sie ein gottwürdiges und gottgefälliges Leben führen könnten. Die Kenntnis des Willens Gottes soll zu Gehorsam und gottgefälligem Leben führen.

Doch nicht nur unser *Verhalten* muß sich am Wort Gottes orientieren, sondern auch unsere *Lehre*. Wir Evangelikalen sind nicht für Demut in Lehrfragen berühmt. Unsere theologischen Lehrmeinungen halten wir für unfehlbar und alle anderen liegen völlig falsch. Stoßen wir auf abweichende Ansichten, neigen wir zur Ungeduld. Und je mehr unsere Sicht aus einer anderen Quelle als der Bibel stammt, desto unnachgiebiger halten wir an ihr fest.

Wir sollen durchaus mit Überzeugung an unserem Schriftverständnis festhalten; ihm *Unfehlbarkeit* anzudichten ist etwas ganz anderes. Zweimal in meinem Leben mußte ich mich durch neue Erkenntnisse aus der Schrift in wichtigen Lehrfragen korrigieren lassen. Natürlich dürfen wir in unseren Überzeugungen nicht schwankend werden, um „hin-und hergeworfen zu sein von jedem Wind der Lehre", aber wir müssen in Lehrmeinungenfragen in aufrichtiger Weise demütig bleiben. Gott hat uns und unsere Gemeinde nicht zum Hort des gesamten Wissens gemacht.

Jesus betet an einer Stelle: „Ich preise dich, Vater, Herr des Himmels und der Erde, daß du dies vor den Weisen und Verständigen verborgen hast und hast es Unmündigen geoffenbart. Ja, Vater, denn so war es wohlgefällig vor dir" (Lukas 10,21). Über diese Stelle bemerkt Norvel Geldenhuys treffend:

> Der Heiland meint hier nicht die „Gebildeten" und die „Ungebildeten", sondern jene, die von ihrer Weisheit und Erkenntnis überzeugt sind im Gegensatz zu denjenigen, die die völlige Unzulänglichkeit ihrer Einsicht und Vernunft zur Ergründung und Annahme der göttlichen Wahrheit kennen.[1]

Möge Gott uns vor der Schrift demütigen, damit wir zu den „Unmündigen" gehören.

Alles ist Gnade

Wahre Demut vor Gott und seinem Wort führt auch zu Demut den eigenen Gaben, Fähigkeiten und Errungenschaften gegenüber. Was immer wir sind und haben, müssen wir dankbar aus Gottes Hand empfangen.

Dieser Aspekt der Demut beginnt mit unserem Verständnis des persönlichen Heils. Wir alle wissen um unsere Erlösung allein durch Gottes Gnade, ohne eigene Werke. Doch Hand aufs Herz! Irgendwo im Hinterkopf meinen wir immer noch, wir könnten zu unserer eigenen Errettung beitragen, indem wir eben ein bißchen klüger und gescheiter wären als andere und uns leichter von Gott leiten ließen.

Vor einiger Zeit las ich eine Behauptung, die in mir ein flaues Gefühl erweckte, obwohl sie sicher wohlgemeint war: Der Autor stellte fest, er unterscheide sich von einer

bestimmten Gruppe von Menschen nur, indem er etwas mehr
Zutrauen zur Gnade Gottes hatte. Das war wohl als Ausdruck
besonderer Demut gedacht, doch von Paulus könnte ich mir
eine derartige Aussage nicht vorstellen. Er fand keinen, wie
auch immer gearteten, Vorzug an sich selbst, nicht einmal ein
größeres Maß an Zutrauen zu Gottes Gnade. Statt dessen sagt
er, „daß Christus Jesus in die Welt gekommen ist, Sünder zu
erretten, von welchen ich der erste bin" (1. Timotheus 1,15).
Nie stellte sich Paulus den Ungläubigen gegenüber in ein
besseres Licht. Er war gepackt von der Gnade Gottes, die
sogar ihn herausgerufen hatte.

Unsere Demut bezüglich der Erlösung führt zu der Erkenntnis, daß alle unsere Fähigkeiten und Errungenschaften
Ausfluß der Gnade Gottes sind. In seinem ersten Brief an die
korinthischen Christen nimmt sich Paulus kein Blatt vor den
Mund: „Was aber hast du, das du nicht empfangen hast?
Wenn du es aber auch empfangen hast, was rühmst du dich,
als hättest du es nicht empfangen?" (4,7). Alle unsere
Fähigkeiten und Vorrechte sind uns von Gott anvertraut, um
sie im Dienst für ihn einzusetzen. Noch lange nachdem ich in
den „vollzeitigen" christlichen Dienst eingetreten war und nur
ein Überlebenseinkommen erhielt, kämpfte ich mit dem
Gedanken, wieviel Geld ich in meinem erlernten
akademischen Beruf verdienen hätte können. Endlich
erkannte ich Gottes Geschenk in Form einer guten
Ausbildung. Meine vollzeitige Arbeit war keine
Sonderleistung für Gott! Was immer ich habe, darf ich aus
seiner Hand nehmen und zu seiner Ehre einsetzen.

Paulus wies alle Anerkennungen für seine Fähigkeiten und
seinen eifrigen Einsatz weit von sich. Ich zitiere wieder aus
seinem ersten Korintherbrief: „Aber durch Gottes Gnade bin
ich, was ich bin; und seine Gnade mir gegenüber ist nicht
vergeblich gewesen, sondern ich habe viel mehr gearbeitet als
sie alle; nicht aber ich, sondern die Gnade Gottes, die mit mir
war" (15,10). Früher verstand ich diese Bibelstelle nicht. Sie
klingt, als wolle Paulus demütig und stolz zugleich sein. Wie
kann jemand öffentlich verkündigen, er hätte mehr gearbeitet
als alle anderen Apostel? Doch dann schreibt Paulus sogar
seinen unermüdlichen Einsatz der Gnade Gottes zu. Zuweilen

dringt die Klage eines müden Christen an unser Ohr, wie hart er im Dienst Gottes gearbeitet habe, wie er seit zehn Jahren einen Hauskreis leite oder bei jeder praktischen Arbeit zur Hand sei oder einer der wenigen Treuen in den Gebetstreffen war. Vielleicht gehören wir selbst zu diesen müden Christen. Wie denken wir dann? Etwa so: Unsere Arbeit und unseren treuen Einsatz dürfen wir voll und ganz der Gnade Gottes zuschreiben! Wenn das der Fall ist - prima!

Alle unsere Errungenschaften, ob auf weltlichem oder geistlichem Gebiet, haben wir der Gnade Gottes zu verdanken. Als Mose den Kindern Israel vor dem Einzug ins Gelobte Land letzte Anweisungen mit auf den Weg gab, warnte er ausdrücklich davor, den eigenen Erfolg sich selbst zuzuschreiben: „(damit du nicht) in deinem Herzen sagst: Meine Kraft und die Stärke meiner Hand hat mir dieses Vermögen verschafft! Sondern du sollst an den HERRN, deinen Gott, denken, daß er es ist, der dir Kraft gibt, Vermögen zu schaffen; - damit er seinen Bund aufrechterhält, den er deinen Vätern geschworen hat, so wie es heute ist" (5. Mose 8,17-18). Genauso nachdrücklich schreibt Paulus über geistlichen Erfolg: „So ist weder der da pflanzt, etwas, noch der da begießt, sondern Gott, der das Wachstum gibt" (1. Korinther 3,7). Unsere Einstellung zu eigenen Errungenschaften drückt der Prophet Jesaja wohl am prägnantesten aus: „denn du hast ja alle unsere Werke für uns vollbracht" (26,12).

Während meiner Arbeit an diesem Kapitel konnte ich einem Mitarbeiter meiner Gemeinde für eine vorzüglich geleistete Arbeit Lob zollen. Seine schlichte Antwort gefiel mir: „Der Herr hat es getan." Ja, das ist Demut uns selbst gegenüber: Was wir sind und was wir haben und all unsere Errungenschaften sind voll und ganz der Gnade Gottes zuzuschreiben.

Unterordnung, Dienst und Ehre

Wer demütig vor Gott ist, wird diese Demut auch seinen Mitmenschen vorleben. Diese Demut findet unter anderem in der gegenseitigen Unterordnung praktischen Ausdruck. In den

Worten des Apostels Paulus: „Ordnet euch einander unter in der Furcht Christi" (Epheser 5,21). So sagt auch Petrus: „Umkleidet euch mit Demut im Umgang miteinander" (1. Petrus 5,5), und Jakobus bezeichnet „Folgsamkeit" als Merkmal der Weisheit von oben (Jakobus 3,17). Was bedeutet es, sich einander unterzuordnen? Müssen wir den Forderungen und Meinungen anderer immer nachgeben? Keineswegs! Es bedeutet Unterordnung unter die *Unterweisung* und *Zurechtweisung* durch andere Gläubige; Belehrbarkeit und die nötige Demut, Fehler zuzugeben, wenn uns jemand korrigiert.

Apollos und Petrus sind herrliche Beispiele für Männer, die sich anderen Gläubigen unterordneten. Apollos war der Belehrung durch andere aufgeschlossen. Lukas beschreibt ihn als einen hochgebildeten Menschen mit fundiertem Bibelwissen, im Wege des Herrn unterwiesen, der mit großem Eifer von Jesus predigte. Er war offenbar ein begabter und fähiger Mann, anscheindend ein „vollzeitiger Mitarbeiter." Nur ein Manko hatte er: Sein Wissen von Christus war unvollständig, er kannte nur die Taufe des Johannes. Als Priscilla und Aquila, ein gläubiges „Laienpaar" in der Gemeinde zu Ephesus, ihn hörten, luden sie ihn ein und erklärten ihm den Weg Gottes genauer (Apg 18,24-26). Offenbar nahm Apollos ihre Unterweisung an, denn als er bald darauf eine Predigtreise nach Achaja unternahm, gab ihm die Gemeinde in Ephesus einen Empfehlungsbrief mit.

Was für eine Bestätigung für die Demut des Apollos! Was für ein Vorbild der Unterordnung! Apollos war ein fähiger, begabter Arbeiter und doch ließ er sich von Priscilla und Aquila belehren. (Ganz bestimmt sind diese beiden mit äußerster Behutsamkeit und Sanftmut vorgegangen. Das ist die andere Seite der Unterordnung - doch damit werden wir uns in Kapitel 15 näher auseinandersetzen.)

Ein Beispiel für die Unterordnung unter die Zurechtweisung durch andere ist Petrus. Als er nach Antiochien kam, mußte Paulus ihn wegen seiner Heuchelei im Umgang mit den Heidenchristen schwer rügen. Die Zurechtweisung durch Paulus war nicht nur ernst, sondern geschah noch dazu vor allen anderen. Wie Petrus darauf reagierte, wissen wir nicht, aber wahrscheinlich war er Paulus gegenüber nicht verbittert. In einem seiner Briefe nennt er Paulus später „unseren geliebten Bruder" und bezeichnet seine Briefe als „Schriften", als Teil des göttlich inspirierten Wortes Gottes (2. Petrus 3,15-16). Petrus dürfte den Rüffel durch Paulus angenommen haben. Er ordnete sich in Demut der Zurechtweisung durch einen Mitbruder unter, obwohl dieser „jünger im Herrn" war als er selbst.

Ohne Zweifel fällt uns Unterordnung unter die unwillkommene Belehrung und Zurechtweisung durch andere Geschwister schwer, trotzdem ist sie Teil eines geisterfüllten Lebens, vgl. dazu Epheser 5. Demut ist eine Frucht des Geistes und entsteht durch sein Wirken an uns. Dennoch wirkt der Geist nicht losgelöst von unserem Willen; wir lernen es in dem Maße demütig zu sein, in welchem wir Demut tatsächlich lernen wollen. Gott ist ein Gott der Freiheit, die Demut ist hier nicht ausgenommen. Der Geist macht uns nicht demütig; er befähigt uns, selbst in schwierigen Situationen, zur Demut.

Obwohl Unterordnung wohl der schwierigste Aspekt der Demut ist, können wir Demut auch auf andere Weise ausleben, vor allem im *Dienst aneinander*. Darin ist Jesus selbst unser großes Vorbild und Lehrbeispiel. Am deutlichsten wird sein Dienst in der Fußwaschung in der Nacht des Verrats, doch bestand Jesu gesamtes Leben im Dienst an anderen. Er kam nicht, um sich bedienen zu lassen, sondern um zu dienen. Er opferte sich beständig auf für andere. Anscheinend will er uns sogar noch in der Ewigkeit dienen (Lukas 12,37), so unglaublich dies auch scheinen mag.[2]

Neben seiner Vorbildwirkung befahl uns Jesus auch ausdrücklich den Dienst aneinander. Wahre Größe im Reich Gottes besteht nicht in hoher Position, sondern im Dienst, und wer nach seinem Vorbild anderen dient, dem ist Segen verheißen.

Demutsbezeugung im Dienst an anderen erfordert auch die Gnade Gottes. „Wenn jemand dient, so sei es als aus der Kraft, die Gott darreicht, damit in allem Gott verherrlicht werde durch Christus Jesus" (1. Petrus 4,11). Wir alle kennen Menschen, sogar Ungläubige, die zum Dienst geboren scheinen. Sie opfern sich für andere auf, nur hat die Sache einen Haken: Die Ehre erhält nicht der, dem sie gebührt, nämlich Gott, sondern das Geschöpf. Es geht um den eigenen Ruf. Wenn wir, ob zum Dienst geboren oder nicht, in Abhängigkeit von der Gnade Gottes und mit seiner Kraft Dienst tun, wird Gott verherrlicht.

Die Abhängigkeit von der Gnade Gottes führt nicht nur zu seiner Verherrlichung; sie ermöglicht es auch jenen von uns, die nicht „zum Dienst geboren" sind, diesen Aspekt der Demut zum Ausdruck zu bringen. Seine Gnade stillt all unsere Bedürfnisse, welcher Natur sie auch sein mögen. Durch seine Befähigung können wir *lernen*, einander zu dienen.

Als dritten Aspekt der Demut voreinander sollen wir einander *ehren*. In Römer 12,10 sagt Paulus: „Übertrefft euch in gegenseitiger Achtung" (Einheitsübersetzung); in Philipper 2,3 lesen wir: „In Demut schätze einer den anderen höher ein als sich selbst" (Einheitsübersetzung). Wir sollen die Stellung, Anliegen und Bedürfnisse der anderen über unsere eigenen setzen.

Jesus wies die Pharisäer zurecht, weil sie bei einem Fest die Ehrenplätze suchten. Statt dessen sollten sie sich auf den letzten Platz setzen. Die Selbstsucht der Pharisäer kommt uns kindisch und lächerlich vor, doch wie ist unsere eigene Einstellung beschaffen? Kämpfen wir um den vordersten Platz in der Schlange, die besten Sitze im Vortragssaal? Behaupten wir uns selbst auf Kosten anderer oder stellen wir auch ihre Interessen voran?

So wir den Segen der Demut erleben wollen, müssen wir sie in unseren täglichen Beziehungen zu anderen ausleben. Wir müssen es lernen, uns einander unterzuordnen, einander zu dienen und einander zu ehren, höher als uns selbst. Man bedenke: Der Geist macht uns nicht demütig, er befähigt uns zur Selbsterniedrigung. Wir müssen Demut *lernen*, so wie Paulus Genügsamkeit lernte, dann werden auch wir die Kraft erleben, die Paulus zur Seite stand (siehe Philipper 4,11-13).

Demut üben

Nun einige praktische Vorschläge, um Demut zu lernen. Am Anfang steht die Erneuerung des Denkens. Dazu dient am besten das Auswendiglernen eines oder mehrerer Schriftverse, die den jeweiligen Bereich der Demut ansprechen.

Indem wir Schriftstellen auswendig lernen und über sie nachdenken, verändert uns der Geist von innen her, indem er unsere Wertvorstellungen umkehrt. Zum Beispiel werden wir mit einemmal anderen vor uns den Vorzug geben. Der Heilige Geist wird die uns eingeprägten Bibelverse einsetzen, um uns in bestimmten Situationen falscher Einstellungen und Handlungen zu überführen.

Dann müssen wir jeden sündigen Stolz bekennen und um die richtige Selbstsicht beten, wie auch Gott uns sieht. Durch beständiges Gebet wird der Geist uns von innen umgestalten.

Schließlich müssen wir konkrete Schritte setzen, um dem Befehl Gottes zur Demut gehorsam zu werden. Demut entsteht aus der Demütigung, also, wir müssen etwas tun. Das kann in einem konkreten Schritt bestehen, indem wir andere vor uns selbst setzen, zum Beispiel in der Warteschlange an der Kasse oder in einer beruflichen Aufstiegsmöglichkeit. Es kann sogar noch drastischer werden, indem wir etwa vor unseren Freunden bekennen, die Gott gebührende Ehre für uns selbst in Anspruch genommen zu haben. In welchem Bereich der Demut wir auch wachsen wollen, wir müssen in der Abhängigkeit von ihm voranschreiten, der in uns wirkt.

Anmerkungen

1. Norvel Geldenhuys: „Commentary on the Gospel of Luke", in: *The New International Commentary on the New Testament* (Grand Rapids, Mich.: Eerdmans 1977), S. 306-307

2. William Hendriksen schreibt über diese Stelle: „Hier verheißt uns der Herr somit, bei seiner Wiederkunft unbeschadet seiner Ehre und Majestät seine treuen Knechte zu bedienen!" Aus: „The Gospel of Luke", *New Testament Commentary* (Grand Rapids, Mich.: Baker Book House 1978) S. 677

7

Genügsamkeit

Die Gottseligkeit mit Genügsamkeit aber
ist ein großer Gewinn.
1. Timotheus 6,6

Genügsamkeit oder Zufriedenheit ist eines der herausragenden Kennzeichen des Gottseligen, denn der Gläubige richtet sein Herz auf Gott statt auf Besitz, Ansehen oder Macht. Wie William Hendriksen so treffend bemerkt: „Der wahrhaft Gottselige ist nicht daran interessiert, reich zu werden. Seine innere Kraft macht ihn reicher als alle Schätze der Erde."[1]

Der biblische Begriff „Genügsamkeit" wird in 2. Korinther 9,8 mit „Genüge" wiedergegeben. Auch 2. Korinther 12,9: „Meine Gnade genügt dir" kommt vom selben Wort. Die Übersetzungen „sich begnügen" oder „genügen lassen" finden wir in Lukas 3,14; 1. Timotheus 6,8 und Hebräer 13,5.

Wer genügsam ist, weiß um Gottes völlige *Vorsorge* für seine Bedürfnisse und um Gottes völlige *Gnade* in seinen Umständen. Er lebt im Vertrauen zu Gott, der alle materiellen Bedürfnisse erfüllen wird und unter allen Umständen das Beste für seine Kinder will. Darum kann Paulus sagen: „Gottseligkeit mit Genügsamkeit ist großer Gewinn." Der Gottselige hat, was der Geizige, der Neidische und der Unzufriedene unablässig suchen und niemals finden. Er besitzt innere Zufriedenheit und Ruhe.

In der Bibel geht es bei Genügsamkeit zumeist um Geld und Besitz, doch auch in anderen Lebensfragen ist Genügsamkeit gefragt. Neben dem Besitz zählt für uns vor allem, welche Stellung wir in der Gesellschaft oder am Leib Christi innehaben. Ein weiterer wichtiger Bereich ist Genügsamkeit in den verschiedensten Lebensumständen, wie körperliche Makel und Leiden, Entsagungen sowie unangenehme Nachbarn und Situationen, Versuchungen und sogar Verfolgungen. Umstände wie diese bringen den natürlichen Menschen zum Murren und Klagen und zur Infragestellung der Güte Gottes.

Die allererste Versuchung in der Menschheitsgeschichte war Unzufriedenheit. Gott hat Adam und Eva weit über ihre Bedürfnisse versorgt. „Und Gott, der HERR, ließ aus dem Erdboden allerlei Bäume wachsen, begehrenswert anzusehen und gut zur Nahrung", heißt es. Nur ein Baum war Adam und Eva vorenthalten, um ihren Gehorsam zu Gott zu prüfen. Und diesen einen Baum verwendete der Satan, um Mißmut und Unzufriedenheit in Evas Herz zu streuen. Er stritt Gottes Güte an Eva ab, und genau das ist Unzufriedenheit - *Infragestellung der Güte Gottes*.

Dieselbe Strategie versuchte der Satan an Jesus in der Wüste. Er wollte Jesus unzufrieden machen über den Mangel an Nahrung und neidisch darauf, Ansehen und Macht in der Welt zu genießen. Sollte es sich bei Jesaja 14,13-15 um eine verschleierte Bezugnahme auf den Satan handeln, wie viele Fachleute glauben, dann lag die Ursache für den Sturz des Satans in seiner Unzufriedenheit, seiner fehlenden Bereitschaft zur Annahme der Stellung, die ihm von Gott im Engelstaat zugewiesen war.

Diesen Wahrheiten dürfen wir uns keinesfalls verschließen. Unzufriedenheit ist eine Satanssünde, und wer sich nicht begnügen lernt, lebt in der Auflehnung gegen Gott wie der Satan.

Genügsamkeit in Besitzfragen

Zufriedenheit mit Besitz ist eine der nachdrücklichsten Ermahnungen der Schrift. Gott betrachtet sie als wichtig genug, um neben den Verboten so abscheulicher Sünden wie Mord, Diebstahl und Ehebruch ein Verbot der Besitzgier auszusprechen (2. Mose 20,13-17). In der Bergpredigt sagt Jesus zum Thema „Ihr könnt nicht Gott dienen und dem Mammon" mehr als über jedes andere Thema. Über eine Erbstreitigkeit urteilt Jesus: „Seht zu und hütet euch vor aller Habsucht, denn auch wenn jemand Überfluß hat, besteht sein Leben nicht durch seine Habe" (Lukas 12,15). Die Doppelmahnung „seht zu und hütet euch" weist auf die extreme Gefahr der Unzufriedenheit in Besitzdingen hin.

Im ersten Timotheusbrief mahnt Paulus mit ähnlich starken Worten zur Genügsamkeit mit Nahrung und Kleidung, denn Geldliebe ist eine Wurzel alles Bösen. Er warnt Timotheus vor der Geldliebe und der Unzufriedenheit (6,11). Im Hebräerbrief wird diese Ermahnung nochmals in ermunternder Form wiederholt: Mögen wir uns von der Geldliebe lösen und uns mit dem begnügen, was wir haben, denn Gott verheißt, uns nicht zu verlassen noch zu versäumen (Hebräer 13,5). In diesem Sinne warnt uns die Schrift vor den Gefahren der Unzufriedenheit und ermutigt uns, nach der Genügsamkeit zu streben.

Alles, was früher geschrieben wurde, ist zu unserer Belehrung geschrieben, sagt Paulus im Römerbrief (15,4). Die alttestamentlichen Berichte sind nicht bloße Geschichten. Sie sind zu unserer Belehrung niedergeschrieben. Darum laßt uns sorgsam auf die Folgen der Besitzgier bei Achan und Gehasi nach Josua 7 und 2. Könige 5 achten. Achans Diebstahl nach dem Fall Jerichos führte zur Niederlage Israels bei Ai und zu seiner eigenen Steinigung. Die Besitzgier Gehasis (des Knechtes Elisas) brachte ihm und seinen Nachkommen Aussatz, den Schrecken des Nahen Ostens, ein. Im Neuen Testament war Geldliebe die Wurzel der Sünde von Ananias und Saphira, die das Gericht nach sich zog (Apg 5,1-11).

Heutzutage ist das Gericht Gottes über Besitzgier und Unzufriedenheit nicht so streng oder offensichtlich wie in den

Tagen Achans und Gehasis oder Ananias' und Saphiras. Trotzdem ist Gottes *Haltung* zu Unzufriedenheit unverändert, und die geistliche Gefahr der Geldliebe ist weit schwerwiegender als das Gericht durch eine abscheuliche Krankheit oder den frühzeitigen Tod. Johannes sagt das sehr deutlich: Wer die Welt liebt, in dem ist nicht die Liebe des Vaters. Er ist somit kein Christ! Besitzgier ist ohne Zweifel Liebe zur Welt!

Weil wir so ernst vor Besitzgier gewarnt und gemahnt werden, uns mit dem Vorhandenen zu begnügen, müssen wir nach Genügsamkeit als vorrangigem Charakterzug in unserem Leben streben. Sie ist kein geistlicher Luxus. Genügsamkeit mit unserem Besitz ist für unser geistliches Wohl eine unabdingbare Voraussetzung.

Wie aber können wir lernen, mit unserem Besitz zufrieden zu sein? Was sollen wir praktisch dazu tun? Wie bei allen anderen Wesenszügen beginnen wir mit der Erneuerung unserer Gesinnung, indem wir eine oder zwei Schriftstellen über dieses Thema auswendig lernen und darüber nachdenken. Unter anderem eignen sich dazu Lukas 12,15; 1. Timotheus 6,6-8 und Hebräer 13,5. Im Nachdenken über diese Verse bitten wir Gott, uns auf konkrete Lebenssituationen hinzuweisen, die uns mit unserem Besitz unzufrieden machen. Wissen wir davon, so beschließen wir konkrete Schritte, die wir in die Tat umsetzen.

Aber Vorsicht: Eine dauerhafte und grundlegende Herzensveränderung bewirkt einzig der Heilige Geist. Darum muß Genügsamkeit zum Gegenstand unseres regelmäßigen und ernsthaften Gebets werden. Oft bete ich die Worte Davids in Psalm 119,36-37 nach: „Neige mein Herz zu deinen Zeugnissen und *nicht zum Gewinn! Wende meine Augen davon ab, das Eitle zu betrachten.* Belebe mich auf deinen Wegen!"

Gebet und Nachdenken über die Schrift sind zur Zufriedenheit in Besitzfragen wesentlich. Auch die folgenden biblischen Prinzipien haben mir dabei sehr geholfen:

Wir müssen das Hauptgewicht auf die wahren Werte des Lebens legen. In Markus 8,36 bezeichnet Jesus das ewige

Leben als das wertvollste Gut. Für David ist das Wort Gottes köstlicher als Gold (Psalm 19). Nach Salomo ist Weisheit (das Verständnis der moralischen Grundsätze Gottes und ihre praktische Anwendung) besser als Silber und Gold und kostbarer als Korallen (Sprüche 3,13-15). Aussagen wie diese zeigen uns Gottes Wertvorstellungen. Wir müssen uns entscheiden, ob wir sie zu unseren eigenen machen wollen. Tun wir das, sind wir der Genügsamkeit einen großen Schritt nähergerückt.

Gott zu dienen, indem wir Menschen dienen, ist die einzige gottgefällige Motivation für Fleiß und harte Arbeit im Berufsleben. Wir müssen vor selbstsüchtigem Ehrgeiz, dem Streben nach mehr Geld und Ansehen, fliehen. Statt dessen sollen wir durch unsere Arbeit Gott gefallen. Im Berufsleben darf es uns nicht um dickere Brieftaschen, größere Aufgaben und erhöhte Verkaufszahlen gehen, sondern um Möglichkeiten zum Dienst für Gott. Unser beruflicher Erfolg mißt sich nicht am Bankkonto oder Besitz, sondern am Dienst für andere, wie er Gott angenehm ist. Diese Einstellung führt nicht im geringsten zu Gleichgültigkeit bei der Arbeit, sondern zur Förderung unseres Fleißes. An die Sklaven in Kolossä schreibt Paulus, sie wären für ihre Arbeit Gott und nicht ihren irdischen Herren gegenüber verantwortlich. Dieses Prinzip läßt sich natürlich auf heutige Dienstverhältnisse ebenso anwenden.

Alles, was wir haben, empfangen wir aus Gnade von Gott. Wie David in Weisheit feststellt: „Und Reichtum und Ehre kommen von dir ... Und in deiner Hand sind Macht und Stärke, einen jeden groß und stark zu machen" (1. Chronik 29,12). Wir können Genügsamkeit, so wie Demut, erlernen, indem wir uns bewußt werden, die Fähigkeit zum Geldverdienen kommt von Gott und von keinem anderen! (5. Mose 8,18). Demut vor Gott und Genügsamkeit in Besitzfragen gehen Hand in Hand miteinander. Nehme ich meinen ganzen Besitz dankbar aus Gottes gnädiger Hand, werde ich den geheimen Eindruck los, ich hätte eigentlich mehr verdient.

Gott befand es in seinem Wohlgefallen für gut, manche Menschen reicher mit Wohlstand und Besitz auszustatten als andere; darum dürfen wir sie nicht beneiden. Um zu zeigen, wie jeder Lohn Gnade ist, erzählt Jesus das Gleichnis von den Arbeitern im Weinberg. Einige Taglöhner arbeiteten nur eine einzige Stunde und erhielten den gleichen Lohn wie jene, die sich den ganzen Tag abmühten. Letzte beneideten schließlich die großzügiger behandelten Spätankömmlinge und begannen aus diesem Grunde zu murren. Der Besitzer des Weinbergs wies sie mit den Worten zurecht: „Ist es mir nicht erlaubt, mit dem Meinen zu tun, was ich will? Blickt dein Auge neidisch, weil ich gütig bin?" (Matthäus 20,15). Mit diesem Gleichnis verdeutlicht uns Jesus, daß es Gott souverän zusteht, die Besitztümer auf dieser Welt nach seinem Wohlgefallen zu verteilen. Uns steht es nicht zu, Gottes Ratschluß infrage zu stellen.

Wer von Gott mit Reichtum und Überfluß beschenkt ist, hat zu diesem Vorrecht eine hohe Verantwortung zu tragen. „Jedem aber, dem viel gegeben ist, viel wird von ihm verlangt werden, und wem man viel anvertraut hat, von dem wird man desto mehr fordern" (Lukas 12,48). Paulus empfiehlt Timotheus: „Den Reichen ... gebiete, ... Gutes zu tun, reich zu sein in guten Werken, freigebig zu sein, mitteilsam" (1. Timotheus 6,17-18).

Dieses Prinzip wird die meisten Leser dieses Buches betreffen, die wir, im Vergleich zum überwiegenden Teil der Weltbevölkerung, reich sind.

Genügsamkeit lernen wir, indem wir unseren Besitz mit anderen teilen. Paulus spricht vom Weitergeben an Bedürftige, als er in 2. Korinther 9 zu dem Schluß kommt, Gott könne uns mit jeder Gnade reichlich beschenken, damit wir in allem Genüge haben.

Manche möchten nun ein Wörtchen für einen „einfacheren Lebensstil" einlegen und dafür eintreten, sich so wenig wie nur irgendwie nötig, mit Besitz zu belasten. Das klingt gut, kann jedoch leicht zur Gesetzlichkeit führen, wobei wir einander nach willkürlich fixierten „erlaubten" und „verbotenen" Besitztümern richten. Statt dessen sollten wir uns darum bemühen, in jeder Lage genügsam und zufrieden zu sein und ein gottgefälliges Leben zu führen. Dabei wird Gott unseren Lebensstil in seinem Sinne korrigieren.

Genügsamkeit in Statusfragen

Wer den Kampf um die Genügsamkeit in Besitzdingen gewonnen hat, versagt oft, sobald seine Stellung in der Gemeinde betroffen ist. Wie Diotrephes wollen wir gern die ersten sein (3. Johannes 9). Und wenn wir nicht die ersten oder zumindest in der ersten Reihe sind, beneiden wir entweder die Führerpersonen oder wir leben nach dem Motto: „Ich bin ohnehin ein Nichts und für Gott nicht zu gebrauchen." Gegen diese Einstellung schreibt Paulus an die Christen in Rom: „Denn ich sage ... jedem, nicht höher von sich zu denken, als zu denken sich gebührt, sondern darauf bedacht zu sein, daß er besonnen sei, wie Gott jedem das Maß des Glaubens zugeteilt hat" (12,3).

Gott hat uns allen einen Platz am Leib Christi zugewiesen. Unsere Aufgabe besteht nicht darin, uns eine Rolle in der Gemeinde auszusuchen, sondern durch unsere Gaben und Fähigkeiten zu entdecken, wo Gott uns hingestellt hat. Genügsamkeit besteht nicht darin, in der vordersten Reihe zu stehen, sondern treu jene Aufgabe zu erfüllen, zu der Gott uns berufen hat.

Am meisten hilft mir hinsichtlich meiner Stellung in der Gemeinde die Erkenntnis, alle Funktionen am Leib Christi hat Gott in souveräner Gnade verteilt. Paulus sagt: „Wir haben verschiedene Gnadengaben nach der uns verliehenen Gnade" (Römer 12,6). Es sind aber nicht nur unsere Gaben, sondern auch unsere Fähigkeiten, diese Gaben einzusetzen, unterschiedlich. Im Gleichnis von den Talenten erhielt ein Knecht fünf Talente, ein anderer zwei und ein dritter nur eines. Ihre Rechenschaftspflicht wurde anhand der anvertrauten Talente gemessen. Der Knecht mit den zwei Talenten, der damit zwei weitere erwirtschaftete, erhielt dasselbe Lob und denselben Lohn wie der Knecht mit den fünf Talenten, der wiederum fünf weitere dazugewann. Der Knecht mit dem einen Talent wäre wohl genauso belohnt worden, hätte er in treuem Dienst auch nur ein weiteres dazu erworben. Er vergrub es aber lieber ängstlich und frustriert im Boden.

Ob wir mehrere Gaben haben oder nur eine, ob unsere Gaben uns zur Berühmtheit führen oder hinter die Kulissen verbannen, sie sind uns gleichermaßen aus Gnade anvertraut. Wir haben sie nicht verdient; wir haben sie nicht rechtmäßig erworben; sie sind uns von Gott anvertraut. Ich habe meinen Platz am Leib Christi nicht verdient, auch der Prediger am Sonntag nicht. Jeder von uns ist durch Gottes Gnade dort, wo er ist.

Gott macht von seinem Recht, Gaben aus Gnade zu verteilen, reichen Gebrauch. Paulus läßt im neunten Kapitel des Römerbriefes daran keinen Zweifel: „Oder hat der Töpfer nicht Macht über den Ton, aus derselben Masse das Gefäß zur Ehre und das andere zur Unehre zu machen?" Es geht im Textzusammenhang zwar nicht um die Gabenzuteilung, doch gilt dasselbe Prinzip auch hierbei. Gott hat das Recht, jeden von uns dorthin zu stellen, wo er will und er übt es auch aus, wie wir in 1. Korinther 12 erkennen: „Dies alles aber (die verschiedenen Gaben) wirkt ein und derselbe Geist und teilt jedem besonders aus, wie er will."

Wie verhilft mir dieses Wissen nun dabei, mit meiner Aufgabe im Reich Gottes zufrieden zu sein? Erstens ist mein Platz im Leben, meine Achtung oder Verachtung bei anderen, nicht Zufall, sondern der Ratschluß eines allweisen und alliebenden Vaters. Er hat einen Plan für mich, Gedanken des Friedens und nicht zum Unheil, um mir Zukunft und Hoffnung zu geben (Jeremia 29,11).

Zweitens erkenne ich, wie unverdient mein Stand ist. Wie unwesentlich ich auch scheinen mag, ich kann mich mit Paulus identifizieren: „Mir, dem allergeringsten von allen Heiligen, ist diese Gnade gegeben worden, den Nationen den unausforschlichen Reichtum des Christus zu verkündigen" (Epheser 3,8). Ich bin kein Missionar wie Paulus, doch wo immer ich stehe, dort stehe ich durch Gottes Gnade.

Drittens weiß ich, wie wichtig alle Glieder des Leibes sind. Der Leib wächst in dem Maße, wie funktionsfähig seine Glieder sind (Epheser 4,16). Ich bin für Gott und für die Gemeinde wichtig. Das gilt für jeden einzelnen Christen auf der Welt!

Indem ich diese Wahrheiten erkenne und annehme, finde ich nicht nur Genügsamkeit, sondern grenzenlose Freude. Nach Epheser 2,10 hat Gott für jeden von uns gute Werke vorbereitet, die wir tun sollen, um Erfüllung und Zufriedenheit in einem Leben nach Gottes Plan zu finden.

Neben der Genügsamkeit mit unserer Rolle am Leib Christi müssen wir auch unseren Status in der Gesellschaft akzeptieren lernen, unseren Berufsstand. Aus der beruflichen Stellung ergeben sich gewöhnlich Status und Wohlstand und weil der gesellschaftliche Status für die Welt sehr wichtig ist, fallen wir oft in die Versuchung, mit ihm unzufrieden zu sein. Statusgier ist ganz ähnlich wie Besitzgier.

Auch hier müssen wir uns auf die Souveränität Gottes in allen Lebensbereichen besinnen. Gott herrscht im weltlichen wie im geistlichen Bereich, obwohl wir diesen Aspekt seiner Herrschaft nicht so deutlich erleben mögen.

Gott hat die einen zu Bauern berufen, die anderen zu Ärzten, Baumeistern, Verkäufern, Busfahrern und Flugpiloten. Würde Gott hier nicht eingreifen, auch bei Ungläubigen, entstünde sehr bald ein heilloses Chaos. In manchen Sparten würde es zu einem Überangebot kommen, in anderen zu einem gefährlichen Arbeitskräftemangel. Soweit Gott Ungleichgewichte im Berufsleben zuläßt, erwachsen sie aus der Habgier des Menschen, der beständig nach höherbezahlten Berufen strebt.

Unser Beruf ist uns ebenso von Gott anvertraut wie unsere geistliche Aufgabe in der Gemeinde, weshalb hier dieselben Grundsätze wie bei der Genügsamkeit am Leib Christi gelten.

Leland Ryken schreibt in einem ausgezeichneten Artikel über die puritanische Arbeitsmoral:

> Die Puritaner vertraten die Heiligkeit aller ehrbaren Arbeit. So lehnten sie die jahrhundertealte Trennung zwischen „geistlichen" und „weltlichen" Berufen ab ... Die Folgen waren weitreichend. Auf einmal besaß jeder ehrbare Beruf einen innewohnenden Wert. Das Berufsleben wurde untrennbar mit dem geistlichen Leben des Christen verbunden. Jeder Beruf erhob sich

zur geistlichen Aufgabe, diente der Verherrlichung Gottes und dem Dienst an ihm sowie der Weitergabe seiner Liebe an den Mitmenschen.[3]

Nicht nur im gesellschaftlichen Ansehen unterscheiden sich die Berufe. Manche Tätigkeiten sind interessanter und spannender als andere. Was sollen wir mit einem Beruf anfangen, der uns langweilig und uninteressant erscheint? Wieder besinnen wir uns auf die Grundsätze der Genügsamkeit in der Gemeinde: Gott hat mich durch seinen erhabenen Willen an meinen Platz gestellt und das aus Liebe. Ich habe mir meine Position nicht verdient und so langweilig mein Beruf auch immer sein mag, so wesentlich ist er für das Funktionieren der Gesellschaft. Gott kann mir die Gnade geben (die Kraft und Befähigung), eine langweilige und uninteressante Tätigkeit treu und zufrieden zu erfüllen.

Ist Genügsamkeit nun unvereinbar mit Ehrgeiz? Dürfen wir nie größere Verantwortung oder einen besseren Arbeitsplatz anstreben? Keineswegs. Paulus rät den Sklaven in Korinth: „Bist du als Sklave berufen worden, so laß es dich nicht kümmern; wenn du aber auch frei werden kannst; mach umso lieber Gebrauch davon" (1. Korinther 7,21). Wie immer meine Situation beschaffen sein mag, ich habe mich zu begnügen. Sollte sich jedoch eine Gelegenheit ergeben, meine Stellung zu verbessern, habe ich die Freiheit dazu (sofern natürlich keine Gebote Gottes in anderen Bereichen verletzt werden).

Jeder Christ soll sich bemühen, seine Arbeit so gut wie möglich auszuführen, in welchem Beruf er auch arbeitet. Es muß aber zur Ehre Gottes und zu seinem Wohlgefallen geschehen, nicht aus Ehrgeiz und Erfolgsstreben. Sehr oft wird dieser treue Dienst Aufstiegschancen eröffnen, denn auch Ungläubige achten und honorieren gute Arbeit. Treuer Dienst garantiert jedoch nicht den Aufstieg. Gott regiert souverän über unseren Platz in der Gesellschaft und er stellt uns dorthin, wo es ihm gefällt. Wie die Schrift so treffend bemerkt: „Denn nicht von Osten, noch von Westen, und nicht von Süden her kommt Erhöhung. Denn Gott ist Richter. Diesen erniedrigt er, und jenen erhöht er" (Psalm 75,7-8).

Das Geheimnis der Genügsamkeit

Ein Christ mag den Kampf um Genügsamkeit in Besitz- und Statusfragen gewinnen und doch versagen, weil er die Vorsehung Gottes in seinem Leben nicht begreifen kann. Wir leben in einer sündengetränkten Welt, wo selbst die Schöpfung stöhnt und klagt (Römer 8,20). Wir Christen sind nicht immun gegen die Enttäuschungen und Schicksalsschläge des Lebens, die uns zuweilen zu erdrücken drohen.

Dennoch glauben wir Christen an den allmächtigen Schöpferwillen Gottes, dessen unauslotbarer Wille unsere Umstände in allumfassender Weisheit, Macht und Liebe lenkt. Das meinen wir mit der Vorsehung Gottes für unser Leben. Unter *Vorsehung* verstehen wir vor allem Gottes *Für*sorge und seine lenkende Macht im Universum.[4] Diese lenkende Macht Gottes wird in der Bibel an vielen Stellen bestätigt. In Psalm 33,10-11 lesen wir beispielsweise: „Der HERR macht zunichte den Ratschluß der Nationen, er vereitelt die Gedanken der Völker. Der Ratschluß des HERRN hat ewig Bestand, die Gedanken seines Herzens von Geschlecht zu Geschlecht."[5]

Doch nicht immer erscheint diese Vorsehung von Vorteil. Viele Ereignisse und Umstände übersteigen unser Verständnis und wir können seine Weisheit und Liebe nicht erkennen. Wie Gott selbst durch Jesaja sagt: „Denn meine Gedanken sind nicht eure Gedanken, und eure Wege sind nicht meine Wege, ... Denn so viel der Himmel höher ist als die Erde, so sind meine Wege höher als eure Wege und meine Gedanken als eure Gedanken" (Jesaja 55,8-9).

Auch ohne tragische oder einschneidende Unglücksfälle erleben wir zermürbende und aufreibende Situationen: körperliche Unzulänglichkeiten, chronische Erkrankungen oder schwärende Wunden. Ein rücksichtsloser Zimmerkollege kann uns ebenso zu schaffen machen wie laute Nachbarn. Unsere Stadt ist zu groß und zu laut; oder unser Dorf ist zu abseits und langweilig. Das Klima ist zu trocken oder zu regnerisch. Es gibt tausenderlei Umstände, die uns zu unzufriedenen Nörglern machen wollen.

Unsere ungläubigen Nachbarn scheinen da keine Probleme zu haben. Mit Asaph blicken wir auf sie und sagen: „Siehe, dies sind Gottlose, und immer sorglos, erwerben sie sich Vermögen. Fürwahr, umsonst habe ich mein Herz rein gehalten und in Unschuld gewaschen meine Hände" (Psalm 73,12-13).

Wie können wir in solchen Situationen lernen, wie Paulus sagt, „mich zu begnügen, worin ich bin" (Philipper 4,11)? „In jedes und alles bin ich eingeweiht", schreibt er. Was ist sein Geheimnis?

Das geht aus der Bibel nicht eindeutig hervor. Eine Antwort finden wir jedoch in 2. Korinther 12. Dort schildert Paulus ein Erleben, bei dem er in den Himmel entrückt wurde und unaussprechliche Dinge hörte, die zu sagen Menschen nicht zusteht. Damit Paulus dieser gewaltigen Offenbarungen wegen nicht überheblich wurde, war ihm jedoch ein „Dorn im Fleisch" gegeben, ein Engel Satans, um ihn zu quälen. Dreimal hatte Paulus den Herrn angefleht, den Dorn wegzunehmen, doch die Antwort war: „Meine Gnade genügt dir, denn meine Kraft kommt in Schwachheit zur Vollendung." Wie bereits erwähnt, kommt „genügen" auch im Griechischen vom selben Wort wie „Genügsamkeit."

Das ist das Geheimnis der Genügsamkeit, das Paulus lernte: *Gottes Gnade genügt* in allen Umständen. Weil Gottes Gnade genügt, können wir zufrieden sein. Um echte Zufriedenheit zu verspüren, müssen wir uns aber an Gottes Gnade, so wie Paulus, *genügen lassen.* Damit meine ich nicht nur das theologische Wissen um eine Wahrheit, sondern den echten Glauben an seine Gnade, trotz schwieriger Umstände.

Seit meiner frühesten Kindheit leide ich an einem gestörten Sehvermögen, das mir oft zu schaffen macht. Meine völlige Taubheit an einem Ohr bringt mich häufig in peinliche Situationen (wenn mich zum Beispiel jemand anspricht und ich ihn einfach überhöre). Das sind aber noch nicht die einzigen körperlichen Probleme, an denen ich leide. Eines Tages stand ich vor dem Schlafzimmerspiegel und zählte sieben Dinge auf, die an meinem Körper „nicht stimmten." Oft hatte ich mich über sie geärgert und geklagt. Dann sagte ich: „Herr, ich weiß, daß du mich so geschaffen hast, wie ich bin. Deine Gnade genügt mir in allen diesen Beschränkungen." Sicherlich habe ich auch seither mehrmals geklagt. Heute weiß ich allerdings, wie ich zufrieden werden kann: indem ich Gottes Gnade annehme, die mir in allem genügt. Obwohl ich diese wunderbare Tatsache nicht immer in Anspruch nehme, ist sie unumstößlich wahr. Ob ich mich ihrer bewußt werde und Zufriedenheit erleben will, obliegt meiner eigenen Entscheidung.

In allen Bereichen, in denen wir zur Genügsamkeit aufgerufen sind: Besitz, Status und Vorsehung, ist die göttliche Gnade die beste Lösung für unsere Unzufriedenheit. Der neutestamentliche Ausdruck „Gnade" umfaßt eigentlich zwei Gedanken: Gottes unverdiente Gunst in Christus und Gottes Hilfestellung durch den Heiligen Geist. Beide Aspekte müssen wir verstehen und erfassen, um genügsam sein zu können. Wie schlimm unsere Situation auch sein mag, sie ist besser als wir verdienen. Verdient haben wir höchstens Gottes ewiges Gericht. „Alles diesseits der Hölle ist reine Gnade", hat jemand gesagt. Das ist wahr und das müssen wir erkennen und uns entsprechend darauf einstellen.

Zweitens können wir uns selbst in der schwierigsten und unangenehmsten Situation auf die Hilfe Gottes durch den Heiligen Geist berufen, um stark zu sein und uns genügen zu lassen. „Alles vermag ich in dem, der mich kräftigt", sagt Paulus über die göttliche Befähigung. Genauso gut hätte er sagen können: „Alles vermag ich durch seine Gnade."

Das Geheimnis der Genügsamkeit ist: Wir leben täglich aus Gottes unverdienter Gnade und in jeder Situation können wir Gottes Befähigung durch den Heiligen Geist in Anspruch nehmen.

Anmerkungen

1. William Hendriksen: *Commentary on I & II Timothy and Titus* (London: The Banner of Truth Trust 1959), S. 198

2. W. E. Vine: *An Expository Dictionary of New Testament Words*, S. 226 und 1105

3. Leland Ryken: „Puritan Work Ethic: The Dignity of Life's Labors"; in: *Christianity Today*, 19. Okt. 1979, S. 15

4. Theologisch wird Vorsehung definiert als „das unablässige Wirken des Schöpfers, der in überfließendem Reichtum und Wohlwollen seine Geschöpfe in einem geordneten Dasein bewahrt, alle Ereignisse, Umstände und freien Handlungen von Engeln und Menschen lenkt und leitet sowie alle Dinge ihrem vorgesetzten Ziel zusteuert, zu seiner eigenen Herrlichkeit." *The New Bible Dictionary* (London: Inter-Varsity Fellowship, 1962; Neuaufl. Grand Rapids: Eerdmans 1973), S. 1050-1051

5. Andere Stellen, die von Gottes Vorsehung sprechen, sind u. a. 1. Mose 12,17; 20,6 und 50,20; 2. Mose 3,21; 8,22 und 9,29; Esra 1,1; Sprüche 21,1; Daniel 4,33-34; Apg 16,6-7 und Römer 8,28.

8

Dankbarkeit

Zieht ein in seine Tore mit Dank,
in seine Vorhöfe mit Lobgesang!
Preist ihn, dankt seinem Namen!
Denn gut ist der HERR.
Seine Gnade ist ewig
und seine Treue von Geschlecht zu Geschlecht.
Psalm 100,4-5

Manche christlichen Tugenden, wie Heiligkeit, Liebe und Treue sind *gottgleiche* Wesenszüge, sie reflektieren Gottes Charakter. Andere hingegen sind *gottzentrierte* Wesenszüge, sie anerkennen und verherrlichen Gottes Charakter. Dabei vertiefen sie unsere Hingabe an Gott, etwa Demut, Genügsamkeit und Dankbarkeit. In der Demut anerkennen wir Gottes Majestät, in der Genügsamkeit seine Gnade und in der Dankbarkeit seine Güte.

Dankbarkeit ist das Wissen um Gottes Güte und Treue, die für uns sorgt und unsere körperlichen wie geistlichen Bedürfnisse stillt. In ihr anerkennen wir unsere völlige Abhängigkeit von ihm, denn, was wir sind und haben, verdanken wir allein Gott.

Gott verherrlichen

Undankbarkeit ist eine besonders schwerwiegende Sünde. Als Paulus in Römer 1 darangeht, den moralischen Niedergang der Menschheit darzulegen, beginnt er mit der Aussage: „weil sie Gott kannten, ihn aber weder als Gott verherrlichten noch ihm Dank darbrachten, sondern in ihren Überlegungen in Torheit verfielen und ihr unverständiges Herz verfinstert wurde." Gott verherrlichen heißt, die Majestät und Würde seiner Person anerkennen. Gott danken heißt, die Großzügigkeit seiner Fürsorge anerkennen. Als die Menschheit in ihrem Stolz es versäumte, Gott Verherrlichung und Dank zu zollen, gab er sie in zunehmende Sittenlosigkeit und Bosheit hin. Gott mußte die Menschheit deshalb richten. Da die Sünde der Undankbarkeit so schwer wiegt, steht es uns zu, unser ganzes Leben mit dem Geist der Dankbarkeit zu durchtränken.

Eine der aufschlußreichsten Stellen über Dankbarkeit findet sich in Lukas 17,11-19. Das ist der Bericht von den zehn Aussätzigen. Zehn Männer befinden sich in dem schlimmsten Leid, das man sich nur vorstellen kann. Sie waren nicht nur mit einer schrecklichen und abscheulichen Krankheit behaftet; sie waren durch diese Krankheit aus der Gesellschaft ausgestoßen. Nichts und niemand linderte ihre körperliche und seelische Not. Jesus nahm sich ihrer aber an und heilte sie.

Als sich diese Männer dem Priester zeigten und somit wieder in Familie und Freundeskreis aufgenommen wurden, kehrte nur einer von ihnen zurück, um Jesus zu danken. Zehn wurden geheilt, einer nur verhielt sich dankbar. Wie oft reagieren wir wie die übrigen neun? Wir sind lediglich darauf bedacht, zu nehmen, aber nicht, für das Empfangene zu danken. Wir beten um Gottes Eingreifen in unserem Leben und schreiben den Erfolg uns selbst zu. Als einer der amerikanischen Mondflüge in ernste Gefahr geriet, wurde das amerikanische Volk gebeten, für die sichere Heimkehr der Astronauten zu beten. Schließlich landeten sie unversehrt und groß war das Lob für die technischen Errungenschaften und das Geschick der amerikanischen Raumfahrtindustrie.

Öffentlich zumindest wurde Gott kein Dank abgestattet. Das ist gar nicht ungewöhnlich, da wir alle von Natur aus so sind.

Der Bericht von den zehn Aussätzigen zeigt uns viel vom Wesen Gottes. Unser Dank für empfangene Segnungen ist ihm sehr wichtig. Jesus fragte: „Sind nicht die Zehn gereinigt worden? Wo sind die Neun?" Die fehlenden neun Aussätzigen konnten Jesus nicht entgehen. Gott entgeht nicht, ob wir ihm für die alltäglichen und besonderen Segnungen danken, die wir immer wieder neu aus seiner Hand nehmen.

Sogar die Engelwesen um den Thron Gottes danken ihm. In Offenbarung 4,9 lesen wir von der Herrlichkeit, Ehre und Danksagung, die der Ewige auf seinem Thron empfängt. Gott hat Engel und Menschen erschaffen, um ihm Herrlichkeit und Dank zu zollen. Versagen wir ihm diese, bleibt ein wichtiger Zweck unseres Lebens unerfüllt.

Dankbarkeit lernen wir in der Bibel sowohl durch Unterweisung als auch durch Vorbildwirkung. Im 1. Buch der Chronik lesen wir, wie die Leviten als Teilhaber am Tempelgottesdienst jeden Morgen aufstanden, um dem Herrn zu danken und ihn zu loben. In den Psalmen lesen wir etwa 35mal vom Dank an Gott. Paulus drückt an 18 Stellen seiner Briefe seinen Dank aus, in zehn weiteren Passagen werden wir zur Danksagung aufgefordert. Insgesamt ist in der Bibel etwa 140mal vom Dank an Gott die Rede. Dankbarkeit ist Gott nicht nebensächlich. Sie ist absolut notwendig, um Gottseligkeit zu erlangen.

Eine Episode aus dem Leben Daniels zeigt uns die Bedeutung, die dieser Gottesmann der Dankbarkeit beimaß. Wir alle kennen die Geschichte von Daniel in der Löwengrube, wissen wir aber auch, wie er dorthin kam? König Darius wurde von etlichen Beamten, die auf Daniels Machtstellung eifersüchtig waren, zur Unterzeichnung eines Dekrets überredet, wonach dreißig Tage lang niemand etwas von einem Gott oder Menschen, außer von König Darius selbst, erbitten durfte. Auf Zuwiderhandlung stand als Strafe die Löwengrube. Als Daniel von der Kundmachung dieses Dekrets erfuhr, ging er in sein Zimmer und warf sich dreimal täglich auf die Knie, um seinem Gott zu danken, genau wie er es vorher getan hatte.

Hätten Sie und ich unter diesen Umständen überhaupt gebetet, wäre es wohl gewesen, um das Eingreifen Gottes zu erbitten. Ganz sicher hat Daniel um Gottes Eingreifen gebetet; aber er sagte auch Dank. Unsere Situation kann gar nicht hoffnungslos genug sein, um keinen Grund zur Dankbarkeit zu haben. Das meint Paulus in Philipper 4,6: „Seid um nichts besorgt, sondern laßt in allem durch Gebet und Flehen *mit Danksagung* eure Anliegen vor Gott kundwerden."

Paulus schrieb seinen Brief an die Kolosser, um sich der Unterwanderung dieser Gemeinde durch menschliche Philosophie und Weisheit entgegenzustellen. Alle Schätze der Weisheit und Erkenntnis sind in Christus verborgen, schreibt er, um dann den Kolossern zuzurufen: „Wie ihr nun den Christus Jesus, den Herrn, empfangen habt, so wandelt in ihm, gewurzelt und auferbaut in ihm und befestigt im Glauben, wie ihr gelehrt worden seid, darin überströmend mit Danksagung" (2,6-7). Paulus geht es um die Grundfragen des Christseins und dazu gehört unbedingt die Dankbarkeit. Wir sollen von Danksagung *überströmen*. Dankbarkeit ist der normale Ausdruck einer lebendigen Beziehung zu Christus und ein Maß dafür, wie intensiv wir die Echtheit dieser Beziehung tatsächlich erleben.

Der Zweck der Dankbarkeit

Hauptziel der Danksagung ist es, Gottes Güte anzuerkennen und ihm Ehre zu geben. In Psalm 50,23 sagt Gott: „Wer Dank opfert, verherrlicht mich und bahnt einen Weg; ihn werde ich das Heil Gottes sehen lassen." Psalm 106,1-2 lautet: „Halleluja! Preist den HERRN, denn er ist gut! Denn seine Gnade währt ewig. Wer wird alle die Machttaten des HERRN erzählen, hören lassen all seinen Ruhm?" In der Dankbarkeit verkünden wir Gottes mächtige Taten und wir erkennen seine Güte an.

Gott ist unendlich gut zu seinen Geschöpfen. „Denn er läßt seine Sonne aufgehen über Böse und Gute und läßt regnen über Gerechte und Ungerechte"; und „sein Erbarmen ist über alle seine Werke" (Matthäus 5,45; Psalm 145,9).

Er hat Lob und Dank verdient, vor allem, da wir zu seinem erlösten Volk gehören. Er hat uns nicht nur mit zeitlichen Segnungen bedacht, sondern mit jeder geistlichen Segnung in der Himmelswelt (Epheser 1,3).

Dankbarkeit fördert nicht nur die Ehre Gottes, sondern auch die Demut in uns. Das sündige Menschenherz neigt auch nach der Bekehrung dazu, den Gott gebührenden Dank für sich in Anspruch zu nehmen. Mehrmals warnt Gott die Kinder Israel vor dieser bösen Neigung (siehe 5. Mose 8,11-14; 8,17-18 und 9,4-7). In seinem Dankgebet für die Gaben zum Tempelbau weiß David um die gnädige Hand Gottes, aus der die reichen Gaben des Volkes kommen und dem sie eigentlich gehören. Paulus dankt Gott unablässig für das geistliche Wachstum der ihm anvertrauten Gemeinden. Nie nimmt er etwas für sich selbst in Anspruch.

Dankbarkeit fördert auch unseren Glauben. In Psalm 50,14-15 spricht Gott im selben Atemzug vom Dankopfer und dem Ruf aus der Not. Wer sich der vergangenen Gnadentaten Gottes entsinnt, wird ihm seine gegenwärtige Not viel leichter anvertrauen können. Vielleicht hat Paulus in seinem Rezept gegen Sorgen (Philipper 4,6-7) auch das im Sinn.

Schließlich trägt Dankbarkeit zur Genügsamkeit bei. Nur wenige Dinge machen uns so unzufrieden wie der innere Kampf zwischen der sündigen Natur und dem Heiligen Geist. In der Hitze dieses Kampfes ruft Paulus aus: „Ich elender Mensch!" Dann aber findet er Erleichterung und Frieden im Dank an Gott für seine Rettung, die uns durch Jesus Christus verheißen ist (Römer 7,24-25). Im Danken lernen wir es, mit unserem Besitz, unserem Status und der Vorsehung Gottes zufrieden zu sein, indem wir unseren Blick auf Gottes Segnungen lenken, unsere Zeit nicht mehr im Nörgeln verbringen und im Trachten nach Dingen, die wir nicht haben. Genügsamkeit und Dankbarkeit hängen eng zusammen.

Ein dankbares Herz pflegen

Die Grundlage einer dankbaren Lebenseinstellung ist die Gemeinschaft mit Christus. Nach Kolosser 2,6-7 ist

Dankbarkeit der natürliche Ausdruck eines in Christus verwurzelten und auferbauten Daseins. Im Bleiben an ihm sehen wir seine Macht, die in uns und durch uns wirksam wird. In allen Nöten wenden wir uns an ihn und erleben seine treue Fürsorge. Das treibt uns in die Dankbarkeit. Wie alle anderen Tugenden eines gottseligen Wesens entsteht Dankbarkeit durch das Wirken des Heiligen Geistes in unserem Herzen. Er gibt uns einen dankbaren Sinn, doch er tut das durch unsere Beziehung zu Christus.

Obwohl Dankbarkeit das Werk des Heiligen Geistes ist, beruht sie auch auf unseren persönlichen Anstrengungen. Wir müssen es uns zur Gewohnheit machen, allezeit für alles zu danken (Epheser 5,20). Ein Weg dazu ist es, in unser Mittagsgebet auch Dank für andere Segnungen einzuschließen. Oder wir beginnen und beschließen jeden Tag mit Dank. In Psalm 92,2-3 lesen wir: „Es ist gut, den HERRN zu preisen und deinen Namen, du Höchster, zu besingen; am Morgen zu verkünden deine Gnade, und deine Treue in den Nächten." Beim morgendlichen Aufstehen danken wir Gott für seine Gnade, die uns den ganzen Tag begleiten wird. Beim Schlafengehen können wir ihn für alle konkreten Treueerweisungen während des Tages loben.

Eine praktische Hilfe besteht auch darin, eine Liste mit Gebetsanliegen zu führen. Die erhörten Gebete bleiben dann auf der Liste, bis ausgiebig für die Erhörung gedankt worden ist. Neben meiner Gebetsliste führe ich auch eine Zusammenstellung der wichtigsten Segnungen, für die ich immer dankbar sein möchte. Ich versuche zwei- oder dreimal pro Woche diese Dankesliste durchzubeten, um mir Gottes Güte konkret zum Ausdruck zu bringen. Die Liste sieht folgendermaßen aus:

- Das persönliche Heil
- Gelegenheiten zum geistlichen Wachstum
- Verfügbarkeit der Bibel
- Unterweisung und Gemeinschaft in der Gemeinde
- Reichliches Vorhandensein guter christlicher Bücher
- Gelegenheiten zum Dienst in der Gemeinde und
  an Mitmenschen

- Gottesfürchtige Eltern
- Eine gläubige Frau
- Kinder, die Christus kennen und in ihm wachsen
- Gesundheit in der Familie
- Politische Freiheit
- Materielle Versorgung der Familie

Nicht jeder von uns hat die gleiche Liste, manche Dinge mögen fehlen, andere kommen hinzu. Grundsätzlich möchte ich die Führung und Verwendung einer solchen Liste wärmstens empfehlen. Zuweilen nehme ich mir bewußt Zeit, um Gott für die Segnungen auf dieser Liste zu danken, aber auch für weniger dauerhafte Geschenke.

Dank soll auch zum regelmäßigen Bestandteil unserer Fürbitten werden. Das sehen wir bei Paulus. Oft lesen wir in seinen Briefen Aussagen wie die folgende: „Wir danken Gott, dem Vater unseres Herrn Jesus Christus, allezeit, wenn wir für euch beten" (Kolosser 1,3). Später im selben Brief unterweist er die Kolosser: „Haltet fest am Gebet, und wacht darin mit Danksagung" (4,2). Gebet ohne Dank führt zur Verarmung der Seele und nimmt dem Gebet die Wirksamkeit.

Neben diesen praktischen Ratschlägen, um eine dankbare Herzenshaltung und dankbare Lebensgewohnheiten zu pflegen, dürfen wir nicht vergessen, wie wichtig das Wort Gottes und das Gebet zum Wachstum unseres geistlichen Wesens ist. Ein undankbares Herz (das wir alle von Natur aus haben) muß durch die Erneuerung des Denkens verändert werden. Diese Umgestaltung ist das Werk des Heiligen Geistes, indem wir unser Denken mit dem Wort Gottes füllen. Wieder möchte ich dazu ermutigen, Schlüsselverse über Dankbarkeit auswendig zu lernen. Geeignete Verse finden sich im vorliegenden Kapitel, freilich gibt es noch viele andere. Im Nachdenken über diese Verse müssen wir Gott bitten, uns mit Dankbarkeit zu erfüllen. Nehmen wir den einen Aussätzigen zum Vorbild, der umkehrte und Gott Dank abstattete!

9

Freude

Denn das Reich Gottes
ist nicht Essen und Trinken,
sondern Gerechtigkeit und Friede
und Freude im Heiligen Geist.
Römer 14,17

Viele Jahre lang war die Tugend der Freude in meinem Leben nicht allzu sichtbar und in meinem Wertsystem nicht allzu wichtig. Nach Römer 14,17 betrachtete ich mich als einen Mann des Friedens und ich strebte nach der ethischen Gerechtigkeit, die meiner Meinung nach in dieser Stelle gemeint war. Doch wie wichtig Gott die Frucht der Freude nimmt, darüber hatte ich nicht viel nachgedacht.

Als ich dann eines Tages Römer 14 las, erkannte ich, Gerechtigkeit und Frieden waren für Gott nicht genug. Ohne Umschweife erklärt Paulus, das Reich Gottes sei nicht nur Gerechtigkeit und Frieden, sondern auch *Freude*. Aus Vers 18 wurde mir klar, ein Leben ohne Freude kann Gott nicht gefallen.

Eigentlich haben nur wir Christen wahren Grund zur Freude und deshalb sollte *jeder* Christ von Freude geprägt sein.

Wahre christliche Freude ist sowohl Pflicht als auch Vorrecht. Jesus sagt: „Ich bin gekommen, damit sie (die

Schafe) Leben haben und es in Überfluß haben" (Johannes 10,10). Jesus ist gekommen, um uns ein Leben voller Freude zu schenken. Zweimal spricht er mit den Jüngern am Vorabend des Verrats von der Freude, die er ihnen geben will. Alles hat er getan, um uns ein frohes Leben zu ermöglichen.

Wir sollten aber nicht tatenlos auf günstige Umstände warten, die uns freudig stimmen. Vielmehr stehen wir unter dem *Befehl*, uns allezeit zu freuen (1. Thessalonicher 5,16; Philipper 4,4). Paulus läßt daran nicht den geringsten Zweifel: „Wiederum will ich sagen: Freut euch!" Wie alle christlichen Tugenden ist Freude keine Frage des Temperamentes. Gott will im Leben aller seiner Kinder Freude sehen.

Es genügt aber nicht, sich nur zu freuen; wir sollen in der Freude wachsen. Ein Christ, der sich als Kind des einzigen Gottes bezeichnet und keine Freude in sich trägt, ist ein Widerspruch in sich selbst. Wie verträgt sich der höchste Gott, der das All geschaffen hat und es zu seiner Ehre und zum Wohl seines Volkes regiert, mit einem düsteren Gesichtsausdruck? Wie John W. Sanderson sagt: „Freudlosigkeit ist gelebter Atheismus, sie ignoriert Gott und seine Eigenschaften."[1]

Ehrlicherweise müssen wir zugeben, unser Alltag ist oft sehr freudlos. Bestenfalls empfinden wir ihn langweilig, schlimmstenfalls voller Angst, Konflikte und Sorgen. Was macht unser Leben aber so freudenleer?

Stolpersteine

Eines der häufigsten Hindernisse für Freude ist *Sünde im Leben* oder sündhafte Einstellungen im Herzen. Christliche Freude ist im Kern Freude an Gott, die Frucht der Gemeinschaft mit ihm. Sünde zerbricht diese Gemeinschaft und die Freude an seiner Gegenwart. Als David die Sünde seines Ehebruchs mit Batseba bekannte, betete er: „Laß mir wiederkehren die Freude deines Heils" (Psalm 51,14).

In Psalm 32,3-4 lesen wir in anschaulichen Bildern von Davids Freudlosigkeit im Kampf mit seiner Sünde. In solchen Tälern der Trostlosigkeit müssen wir unser Herz und unser Leben genau untersuchen. Leben wir in einer Sünde, die wir bekennen und aufgeben müssen? Oder, was viel öfter der Fall ist, halten wir an einer sündhaften Einstellung fest, wie Neid oder Groll, Kritikgeist und mangelnde Bereitschaft zur Vergebung? Freude kann in kein Herz Einzug halten, das solche Haltungen birgt. Jede Sünde, ob sie eine Tat oder eine Einstellung ist, muß ausgeräumt werden, so wir die Tugend der Freude hervorbringen wollen.

Ein weiterer Stolperstein der Freude ist *fehlinvestiertes Vertrauen*. Paulus befiehlt den Philippern, sich am Herrn zu freuen (3,1). Das Gegenteil der Freude am Herrn wird in den folgenden Versen deutlich: Vertrauen zum Fleisch, zu guten Werken oder religiösen Errungenschaften. Für die Gläubigen zur Zeit Jesu war das die jüdische Gesetzlichkeit. Für uns heute mögen es persönliche Verhaltensweisen, wie eine regelmäßige Stille Zeit, ein diszipliniertes Bibelstudium oder ein treues Zeugnis an noch Ungläubigen sein. Was es auch sein mag, jede Quelle der Freude außerhalb Jesu Christi und seiner Gnade ist falsch und zum Scheitern verurteilt. Wie Sanderson sagt: „Sogar Erfolg im Werk des Herrn ist ein geknicktes Rohr für jeden, der sich darauf verläßt."[2]

Echte und dauerhafte Freude ist nur für denjenigen möglich, der sich voll und ganz auf Jesus und seine Gerechtigkeit stützt, durch die er das ewige Leben hat.

Lukas berichtet von Jesu Aussendung der Zweiundsiebzig zum Predigen. Sie kehrten mit großer Freude zurück und berichteten: „Herr, auch die Dämonen sind uns untertan in deinem Namen." Jesus aber antwortete: „Doch darüber freut euch nicht, daß euch die Geister untertan sind; freut euch aber, daß eure Namen in den Himmeln angeschrieben sind" (10,17-20). Jesus hat nichts gegen Freude im Dienst, doch warnt er uns, unsere Freude vom *Erfolg* abhängig zu machen. Erfolg im Dienst ist eine wankelhafte Sache, unsere Namen aber sind auf ewig im Himmel angeschrieben. Unsere Lebensumstände ändern sich von Zeit zu Zeit, die Gewißheit, eines Tages bei Christus zu sein, ist allerdings unveränderlich. Darauf muß sich unsere Freude gründen.

Schon einmal habe ich auf mein früheres Buch *Lebensstil: Heiligung* verwiesen, das zu schreiben ich vor einigen Jahren das Vorrecht hatte. Gott hat dieses Buch über alle Erwartungen hinaus gesegnet, und das aus reiner Gnade. Manchmal fühle ich mich wie der kleine Junge, der Jesus seine fünf kleinen Gerstenbrote und zwei Fischlein gab und dann voll Staunen sah, wie Jesus damit fünftausend Menschen speiste. Ich freue mich darüber, was Gott durch *Lebensstil: Heiligung* bewirkt hat, aber der Urgrund meiner Freude darf sich nicht an einem Buch oder einem Dienst orientieren, sondern an meinem ewigen Heil.

Vielleicht haben Sie in Ihrem Leben nicht viel vorzuweisen. Sie haben kein Buch geschrieben, keine Menschenmassen durch Ihr Zeugnis zu Christus geführt oder sonst etwas getan, was von Belang wäre. Ist Ihr Name im Himmel angeschrieben? Wenn ja, dann haben Sie genauso viel Grund zur Freude wie der bekannteste und erfolgreichste Christ. Nichts, was Sie und ich jemals erreichen können, kommt nur annähernd an das Werk Christi heran, durch das unsere Namen im Himmel angeschrieben sind. Der bescheidenste Christ und der berühmteste Prediger stehen hier auf derselben Stufe.

Drittens kann unsere Freude durch die *Züchtigung und Erziehung* Gottes gehemmt werden, die er seinen Kindern zuteil werden läßt. Die Schrift sagt: „Alle Züchtigung scheint uns für die Gegenwart nicht Freude, sondern Traurigkeit zu sein" (Hebräer 12,11). Züchtigung ist keine frohe Sache, das soll sie auch nicht sein, wenn sie ihr Ziel erreichen soll.

Verlieren wir das Ziel der Züchtigung aus den Augen oder halten wir sie für unverdient, verfallen wir leicht in Selbstmitleid. Wieder verhilft uns John Sanderson zu einer tiefen Einsicht, wie sich Züchtigung und Freude zueinander verhalten:

> Wüßten wir nur ein wenig, wie böse wir sind, müßten wir die Strafe willkommen heißen, denn durch sie befreit Gott uns von sündigen Gewohnheiten. Wir

aber lehnen uns gegen die Strafe auf, weil wir nicht glauben, sie irgendwie verdient zu haben.[3]

Das Geheimnis der Freude selbst in der Züchtigung lautet: „Wen der Herr liebt, den züchtigt er" und „nachher aber gibt sie denen, die durch sie geübt sind, die friedsame Frucht der Gerechtigkeit" (Hebräer 12,6.11).

Glaubensproben sind ein viertes Hindernis der Freude. Sie unterscheiden sich von Züchtigung, indem sie dazu dienen, unseren Glauben zu prüfen und nicht uns auf Sünde hinzuweisen. Gott in seiner unendlichen Weisheit läßt Prüfungen zu, um uns standhaft zu machen und unsere Hoffnung auf die künftige Herrlichkeit auszurichten.

Prüfungen können die verschiedensten Formen annehmen - nagende Gesundheitsprobleme, finanzielle Rückschläge, Kritik und Ablehnung, unverhohlene Verfolgung. Wie immer die Prüfung beschaffen sein mag und wie schwer sie auch ist, sie soll unseren Charakter stärken. Der Gewichtheber weiß um die Notwendigkeit, sich unablässig zu steigern und seinen Muskeln immer mehr zuzumuten, um stärker zu werden. Dasselbe gilt für den Gläubigen. Unser Glaube und unser Durchhaltevermögen können nur in Glaubensproben wachsen.

Oft verhalten wir uns in Glaubensproben wie Hiob. Anfangs reagierte er positiv mit dem Ausruf: „Der HERR hat gegeben, und der HERR hat genommen, der Name des HERRN sei gepriesen" (1,21). Als aber die Zeit verstrich und die Versuchung, verstärkt durch die falschen Anschuldigungen der Freunde, nicht nachließ, versagte die Glaubens- und Geduldskraft Hiobs. Am Ende stöhnte er: „Keinen Nutzen hat ein Mann davon, daß er sich mit Gott befreundet" (34,9). Doch obwohl Hiobs Glaube am Ende war, blieb Gott treu. Gott ließ Hiob nicht im Stich, bis dieser seine Lektion über Gottes Erhabenheit gelernt hatte. Dann beschenkte er Hiob doppelt so reich wie zuvor.

Gottes Treue kann uns auch in Zeiten der Versuchung trösten. „Sondern wenn er betrübt hat, erbarmt er sich nach der Fülle seiner Gnadenerweise" (Klagelieder 3,32).

Schrittsteine

Bevor wir einige praktische Schritte untersuchen, die uns Freude ins Herz geben können, gilt es zu bedenken: Freude ist eine Frucht des Geistes, das Ergebnis seines Wirkens in unserem Herzen. Paulus schreibt an die Römer: „Der Gott der Hoffnung aber erfülle euch mit aller Freude und allem Frieden im Glauben, damit ihr überreich seiet in der Hoffnung durch die Kraft des Heiligen Geistes" (15,13). Durch die Kraft des Geistes erleben wir die Freude des Heils und können uns selbst inmitten von Nöten freuen.

Der Heilige Geist verwendet sein Wort, um in unserem Herzen Freude zu wecken. In Römer 15 finden wir eine interessante Verbindung von Gott und der Schrift. Vers 4 spricht vom Ausharren und der Ermunterung durch die Schrift, Vers 5 davon, wie Ausharren und Ermunterung Gott zuzuschreiben sind. Uns sollte nicht überraschen, daß Gott all das durch sein Wort schenkt. Gott ist die Quelle; die Schrift der Kanal. Dasselbe gilt für Freude. In Vers 13 lesen wir vom Gott der Hoffnung, der uns mit Freude und Frieden erfüllen wird, so wir an ihn glauben. Wie erfüllt uns Gott mit Freude und Hoffnung? Die einzig vernünftige Antwort muß lauten: Durch den Trost der Schrift.

Als ich schwer vom Herrn gezüchtigt wurde, tröstete mich Hebräer 12,6: „Wen der Herr liebt, den züchtigt er". Die Freude kehrte in mein Herz zurück. In einer besonders schwierigen Glaubensprobe richtete mich die „göttliche Telefonnummer", Psalm 50,15 auf: „Rufe mich an am Tag der Not; ich will dich erretten, und du wirst mich verherrlichen." Als meine Zukunft äußerst trostlos aussah, erfüllte mich die Verheißung in Jeremia 29,11 mit neuer Freude: „Denn ich kenne ja die Gedanken, die ich über euch denke, spricht der HERR, Gedanken des Friedens und nicht zum Unheil, um euch Zukunft und Hoffnung zu gewähren."

Worte wie diese verwendet der Heilige Geist, um Freude in unser Herz zu pflanzen. Dazu müssen wir uns aber regelmäßig mit der Schrift beschäftigen und über sie nachdenken. Hier liegt unsere eigene Verantwortung und eine praktische Möglichkeit, um die Frucht der Freude wachsen zu lassen.

Aber spricht die Schrift in jeder Not zu uns? Haben wir nicht Zeiten erlebt, da die Schrift tot und leblos wirkte und nicht jenes Feuer entzünden konnte, das uns Freude angesichts von schweren Prüfungen schenkt? Ja, solche Zeiten gibt es, aber selbst hier ist es der Heilige Geist, der uns tröstet und zur Freude befähigt. Das Wort Gottes ist sein Werkzeug und in geduldigem Glauben müssen wir auf ihn warten, um sein Wort lebendig zu machen und in unser Herz überspringen zu lassen.

Nur allzu gut erinnere ich mich an eine Zeit, als unsere Familie durch eine Serie schwerer finanzieller Rückschläge ging. Es ging Schlag auf Schlag: Unfälle (in den Vereinigten Staaten müssen wir die Unfallbehandlung selbst bezahlen), kaputte Haushaltsgeräte und häufige Autoraparaturen. Der letzte Strick riß, als wir auf einer Reise eine Panne hatten und unseren Wagen vier Tage lang in einer unbekannten Werkstatt lassen mußten. Mir schwante das Schlimmste, und ich verlor jedes Gefühl der Freude am Herrn, da ich meinen Blick auf die Umstände gerichtet hielt statt auf ihn. Trotzdem ließ mich der Heilige Geist in der Verheißung von Römer 8,28: Gott hatte die Dinge in der Hand und würde alles zu meinem Besten lenken, Ruhe finden. Römer 8,28 hatte ich schon viele Jahre gekannt, helfen konnte mir dieser Vers aber erst, als der Heilige Geist ihn in mein Herz einpflanzte und mich befähigte, daran zu glauben.

Auch hier begegnen wir dem Prinzip aus Kapitel fünf, wir sind sowohl eigenverantwortlich als auch von Gott abhängig. Es war meine Verantwortung, in dieser Zeit der finanziellen Rückschläge, die Frucht der Freude zur Schau zu stellen, ich konnte das allerdings bloß durch die Kraft des Heiligen Geistes. Dabei ist nur eines zu beachten: Zweck der Freude ist es nicht, unser Gefühlsleben zu verbessern (obwohl auch das geschehen wird), sondern Gott zu verherrlichen, indem die ungläubige Welt erlebt, wie unser liebevoller und treuer Vater für uns sorgt und uns alles Nötige schenkt.

Nun zu einigen praktischen Hilfen, um Freude zu gewinnen. Der erste liegt auf der Hand: *Sünden bekennen und lassen*. Ich habe bereits darauf verwiesen, wie freudlos und bedrückt David war, als er an seiner Sünde festhielt

(Psalm 32,3-4). Nachdem er die Sünde bekannte, durchlief er eine interessante Gedankenkette, beginnend von der Freiheit von Schuld hin zu Glauben an Gottes Erlösung und zum Zeugnis der grenzenlosen Liebe Gottes, und schließlich Freude und Jubel (siehe Vers 5-11).

Gottes Vergebung bringt mich immer wieder zum Staunen. Wie oft fallen wir in Sünde, bekennen wir sie aber, ist er treu und gerecht und vergibt sie uns. Die fortgesetzte Treue Gottes bei der Vergebung und Erneuerung der Gemeinschaft ist eine tiefe Quelle der Freude. Ich möchte singen wie David.

Ein zweiter konkreter Schrittstein zur Freude ist: *Vertraue Gott*. Nach Römer 15,13 will Gott uns „im Glauben" mit Freude und Frieden erfüllen. Gott steht zu seinem Wort. Die biblischen Verheißungen sind nichts anderes als Gottes Treuebund mit seinem Volk. Sie haben ewige Gültigkeit, weil sie seinem unendlichen Wesen entspringen. Ich weiß von einem Freund, der inmitten größter Schwierigkeiten keinen Trost in der Schrift finden konnte. Er bat Gott um Trostworte, fand aber keine. Endlich kam er zu dem Schluß, obwohl die Schrift in seiner Situation trocken und leblos geworden war, könne er im Wesen Gottes Ruhe finden. Gott erfüllt uns mit Freude, so wir ihm vertrauen.

Da ist diese erstaunliche Aussage in Römer 8,28: In allen Dingen wirkt Gott zum Besten derer, die ihn lieben. Diese Verheißung ist wahr, ob wir an sie glauben oder nicht. Unser Glaube oder unser Zweifel hat keinen Einfluß auf Gottes Wirken. Er ist in allen unseren Lebensumständen am Werk, um Gutes für uns zu vollbringen, selbst hätten wir nie von Römer 8,28 gehört. Sein Wirken hängt nicht von meinem Glauben ab, aber der Trost und die Freude, die diese Aussage erwecken wollen, kann nur durch Glauben wirksam werden, durch das Vertrauen zu Gott, selbst wenn der Sinn seines Wirkens verborgen ist. Gott hat Hiob nie den Grund für seine Not mitgeteilt. Er brachte Hiob nur an jenen Punkt, wo er ihm auch ohne Erklärung vertrauen konnte.

Ein weiterer Schrittstein zur Freude: *Das Leben aus der ewigen Perspektive betrachten*. Wie oft mahnt uns die

Schrift, unsere Freude in der Hoffnung des ewigen Erbes zu finden, das uns in Jesus Christus erwartet, da seine Herrlichkeit offenbar wird. Hier eine Auswahl von Stellen:

Darin (in der lebendigen Hoffnung) frohlockt ihr, die ihr jetzt eine kleine Zeit, wenn es nötig ist, in mancherlei Versuchungen betrübt worden seid. (1. Petrus 1,6)

(Wir) rühmen uns in der Hoffnung der Herrlichkeit Gottes. (Römer 5,2)

Da wir nicht das Sichtbare anschauen, sondern das Unsichtbare; denn das Sichtbare ist zeitlich, das Unsichtbare aber ewig. (2. Korinther 4,18)

Denn ihr habt ... den Raub eurer Güter mit Freuden aufgenommen, da ihr wißt, daß ihr für euch selbst einen besseren und bleibenden Besitz habt. (Hebräer 10,34)

Unsere Namen sind im Himmel angeschrieben. Das ist die Freude am Herrn, der allein uns die Hoffnung auf ein ewiges Erbe gibt, das alle gegenwärtigen Nöte bei weitem wettmacht. Die ewige Perspektive bedeutet dem Beispiel Jesu folgen, der „um der vor ihm liegenden Freude willen die Schande nicht achtete und das Kreuz erduldete und sich gesetzt hat zur Rechten des Thrones Gottes" (Hebräer 12,2).

Ein vierter Schrittstein zur Freude: *Dank in allen Lebenslagen* (1. Thessalonicher 5,18). Dabei sind natürlich angenehme und unerfreuliche Umstände eingeschlossen. Wir sollen allezeit dankbar sein. Das bedeutet nicht unbedingt, *für* eine Schwierigkeit an sich dankbar zu sein. Wir sollen Gott *inmitten* aller Lebenslagen Dank sagen, ob sie gut sind oder schlecht. Wir sollen dankbar sein für Gottes liebevolles Wirken in diesen Dingen. Wir sollen Gott danken für seine Hilfe in früheren Notlagen. Wir können vertrauen, Gott wird uns auch jetzt keine größere Last zumuten, als wir zu tragen imstande sind, und seine Gnade genügt uns, um diese Last zu bewältigen. Im Dank an Gott wird die Freude in unser Herz einziehen, die unser Erbe in Christus ist.

Früchte der Freude

Ein Ergebnis dieser Freude ist Gottes Wohlgefallen (Römer 14,17-18). Christus kam, um uns Freude zu geben (Leben im Überfluß); der Heilige Geist will Freude in uns erwecken. Darum ist Freudlosigkeit dem Willen Gottes für uns diametral entgegengesetzt. Gewiß sind manche Menschen von Natur aus fröhlicher als andere, dennoch soll jeder Christ die Tugenden eines geistlichen Charakters in wohlausgewogener Weise an sich tragen, wie sein Temperament auch beschaffen sein mag. Wir müssen auf Gott blicken und uns auf seine Hilfe stützen, um uns allezeit am Herrn freuen zu können.

Ein zweites Ergebnis der Freude ist unsere körperliche, seelische und geistliche Stärkung. Nehemia rief den Heimkehrern aus der Babylonischen Gefangenschaft zu: „Seid nicht bekümmert, denn die Freude am HERRN, sie ist euer Schutz!" (8,10). Sanderson fragt: „Wie viel unserer körperlichen Schwäche, Willenlosigkeit und Krankheit findet ihre Ursache in der Schwermut?"[4] Ich selbst habe bei meinem persönlichen Fitness-Training den direkten Zusammenhang zwischen körperlicher Kraft und Freude erlebt. An Tagen großer Freude am Herrn ist die Kraft da, die Übungen erledigen sich wie von selbst. Bin ich jedoch entmutigt, fehlt mir auch jede körperliche Energie.

Was im körperlichen und seelischen Bereich zutrifft, gilt auch im geistlichen. Ich erinnere mich an einen Morgen, an dem ich unser Wohnzimmer betrat, um meine Stille Zeit abzuhalten. Kurz zuvor hatte ich mich dem Groll über einen Mitchristen hingegeben. Als ich zum Gebet niederkniete, stieg ein Gedanke in mir auf: „Nach alldem, was du gerade gedacht hast, kannst du nicht in die Gegenwart Gottes treten." Ich erinnerte mich an Hebräer 10,19-22 und sagte: „Herr, ich weiß um meine Sünde, du bist im Recht. Ich habe es nicht verdient, in deine Gegenwart zu treten. Ich habe nur eine Chance, das Blut Jesu." Als ich diese Worte im Glauben sprach, dachte ich: „Was für ein Wunder: Ich als Sünder habe mich gerade sündhaftem Groll hingegeben, aber durch das Blut Jesu kann ich vor einen heiligen Gott treten." Und: „Das ist nicht alles! Ich kann nicht nur vor ihn treten, ich kann ihn Vater nennen."

Wie sehr veränderte diese kleine Episode den ganzen Tag. Sie verwandelte mich von einem niedergeschlagenen, verbitterten Menschen in einen freudigen Empfänger der Vergebung. Und die Freude über Gottes gnädige Vergebung half mir, die Wurzel meines Grolls zu beseitigen. Freude verleiht geistliche Kraft. Paulus wußte, Gottes Gnade genügte ihm, darum konnte er Freude finden selbst in Schwachheit, Mißhandlung und Not (2. Korinther 12,9-10).

Die Wahl liegt bei uns. Wir können freudlose Christen bleiben oder uns zur Freude verwandeln lassen. Wir können gelangweilt, trübsinnig und mürrisch durchs Leben gehen oder uns am Herrn freuen, an der Hoffnung auf ein ewiges Erbe. Freude ist ein Vorrecht wie eine Pflicht. Freudlosigkeit entehrt Gott, sie verleugnet seine Liebe und seine Macht in unserem Leben. Sie ist gelebter Atheismus. In der Freude erleben wir die Kraft des Heiligen Geistes in uns und rufen einer aufmerkenden Welt zu: „Unser Gott herrscht."

Freude ist eine Frucht des Geistes. Sie ist das Ergebnis seines Wirkens, wächst aber nicht ohne unser Zutun. Wir müssen uns durch Gottes Kraft freuen lernen. Das ist Teil der gelebten Gottseligkeit.

Anmerkungen

1. John W. Sanderson: *The Fruit of The Spirit* (Grand Rapids, Mich.: Zondervan 1972), S. 72

2. Sanderson S. 65-66

3. Sanderson S. 71

4. Sanderson S. 73

10

Heiligkeit

Und dies ist die Botschaft,
die wir von ihm gehört haben
und euch verkündigen:
daß Gott Licht ist
und gar keine Finsternis in ihm ist.
1. Johannes 1,5

Das äußere Kennzeichen der Gottseligkeit ist gottgleiches Wesen. Obwohl wir mit Gottseligkeit im allgemeinen nur dieses Wesen verbinden, wie in den ersten Kapitel dargestellt, gründen sich gottgleiche Charakterzüge auf das Fundament der Gottzentriertheit, der Hingabe an Gott.

Wollen wir ein geistliches Wesen erwerben, müssen wir lernen, was die Bibel selbst über die Eigenschaften Gottes sagt. Der Apostel Johannes teilt uns zwei Dinge von Gott mit, die die biblische Offenbarung der Charakterzüge Gottes ausgezeichnet zusammenbinden: „Gott ist Licht" (1. Johannes 1,5), und „Gott ist Liebe" (1. Johannes 4,8). Der Christ, der sich zur Gottseligkeit üben will, muß die Bedeutung dieser beiden Aussagen über das Wesen Gottes erfassen und ihre Lehre in seinem Leben verwirklichen.

Was will uns Johannes über das Wesen Gottes mitteilen, wenn er sagt: „Gott ist Licht"? Professor Howard Marshall meint dazu: „Gott ist Licht, das bedeutet vor allem zwei

Dinge. Einerseits weist es auf Offenbarung und Erlösung hin
. . . andererseits auf Heiligkeit; Licht steht für die makellose
Vollkommenheit Gottes."[1] In 1. Johannes 1,5 geht es
vordergründig um Gottes Heiligkeit. Gott ist absolut heilig; in
ihm findet sich nicht der leiseste Schatten eines moralischen
Makels. Eine Waschpulverreklame bezeichnete ein bestimmtes
Produkt als „99,44prozentig rein." Das mag für ein
Waschpulver recht beachtlich sein, für Gott wäre eine
derartige Aussage reine Lästerung. Gott ist in seiner
Heiligkeit unendlich vollkommen. Nicht die kleinste
Andeutung von Sünde findet sich an ihm.

Gottgleichheit bedeutet also vor und über allem
Heiligkeit. Gottseligkeit beinhaltet das Streben nach
Heiligkeit, wie Gott sagt: „Seid heilig, denn ich bin heilig" (1.
Petrus 1,16). Nach Paulus sind wir zu einem heiligen Leben
berufen; dazu sind wir erlöst. Ein Christ, der nicht allen
Ernstes nach Heiligkeit in jedem Lebensbereich strebt, stellt
sich dem Heilszweck Gottes für ihn diametral entgegen.

Was ist Heiligkeit? Die beste praktische Definition, die
ich je gehört habe, ist einfach „Sündlosigkeit." Sündlos war
der Herr Jesus in seinem Erdenwandel (Hebräer 4,15) und
sündlos sollen auch wir werden. Zwar können wir das Ziel in
diesem Leben nie erreichen, es muß trotzdem unser höchster
Lebenssinn und Inhalt unserer konzentrierten Anstrengungen
und Gebete werden.

Johannes schrieb seinen ersten Brief, damit die Leser
nicht sündigten (1. Johannes 2,1). Die meisten Christen geben
sich damit zufrieden, nicht allzu viel zu sündigen, Johannes
hingegen will völlige Sündlosigkeit. Jede Sünde, so klein sie
uns auch vorkommen mag, ist ein Schlag ins Gesicht der
göttlichen Macht, sie mißachtet sein Gesetz und verwirft seine
Liebe. Darum kann Sünde in keiner Weise und in keinem
Maß geduldet werden. Jede „Notlüge", jede „kleine
Unehrlichkeit", der flüchtigste lüsterne Blick beleidigen den
heiligen Gott und streiten gegen unsere eigene Seele (1. Petrus
2,11).

Paulus belehrt Timotheus über seinen Umgang mit
jüngeren Frauen, er solle ihnen „als Schwestern in aller

Keuschheit" begegnen (1. Timotheus 5,2). Jeder seiner Gedanken, Blicke und Handlungen ihnen gegenüber mußte einem vollkommenen Standard der Heiligkeit genügen, in aller Keuschheit. Über die Bedeutung der Heiligkeit unterweist Paulus die Christen in Ephesus: „Dies nun sage und bezeuge ich im Herrn, daß ihr nicht mehr wandelt, wie auch die Nationen wandeln" (4,17). In der Vollmacht Gottes *besteht* er auf Heiligkeit, kein Kann, sondern ein absolutes Muß für jeden Christen.

Selbst der geistlichste Christ wird im Streben nach Heiligkeit hin und wieder versagen. Der Apostel Johannes legt klar: „Wenn wir sagen, daß wir keine Sünde haben, betrügen wir uns selbst" (1. Johannes 1,8). Immer noch sind wir von Natur aus Sünder und leben in einer verdorbenen Welt, die vom Satan beherrscht ist. Die Versuchung lauert überall und unser altes Wesen gibt ihr nach. Was ist das Verlangen unseres Herzens? Was ist das Ziel unserer brennendsten Gebete? Was ist die Hauptrichtung unseres Lebens? Wollen wir uns zur Gottseligkeit üben, muß es Heiligkeit in jedem Lebensbereich sein.

Werden wir konkret! Als Paulus die Christen in Ephesus zu einem heiligen Leben aufrief, nicht mehr so wie die Nationen zu leben, hatte er drei moralische Bereiche vor Augen: Ehrlichkeit (die Weigerung zu lügen, zu stehlen und in irgendeiner Weise zu betrügen); Friedfertigkeit (Freiheit von Bitterkeit, Ärger und Groll jeder Art); und Reinheit (kein Schatten geschlechtlicher Unmoral in Worten, Blicken, Gedanken und Handlungen).

Wir alle wissen um die Notwendigkeit, in diesen Bereichen scharf aufzupassen. Zugleich wissen wir um die zunehmende Schwierigkeit, sich reinzuhalten. Ehrlichkeit und Reinheit sind in unserer Kultur nicht mehr gefragt. Lügen, Betrügen und Stehlen sind in Wirtschaft, Bildung und Sport gang und gäbe. Geschlechtliche Unsittlichkeit ist kein Gesprächsthema mehr; sie ist in fast allen Bereichen der Gesellschaft akzeptiert. Die steigende Scheidungsrate und die überbeschäftigten Gerichte unserer Zeit sind Symptome eines abgrundtiefen Mangels an Friedfertigkeit.

Genauso war es zur Zeit des Apostels Paulus; vielleicht sogar noch schlimmer. Von den Nichtchristen zu Ephesus sagt Paulus: „Und da sie abgestumpft sind, haben sie sich selbst der Ausschweifung hingegeben, im Ausüben jeder Unreinheit mit Gier" (4,19). Ärger hätte es gar nicht sein können. Doch inmitten dieser krassen Gottlosigkeit wird von den Christen erwartet, ihr sündiges Wesen abzulegen und die Wesenszüge der Gerechtigkeit und Heiligkeit anzuziehen.

Von uns heute erwartet Gott nicht weniger. Es ist unsere Pflicht, nach Heiligkeit zu streben, selbst inmitten einer gottlosen Gesellschaft. Das wird immer schwieriger; die Versuchungen werden zahlreicher, das Hohngelächter der Ungläubigen über jene, die ein Leben der Gottesfurcht suchen, wird höllischer. Dennoch sind wir aufgerufen, heilig zu sein, wie er heilig ist. Wir können und dürfen von den Maßstäben Gottes keine Abstriche machen.

Wie streben wir nach Heiligkeit? Vor einiger Zeit hörte ich einen Seminarprofessor von einem Freund erzählen, der am Rand von Büchern oft die Notiz „JAW" eintrug. Auf die Frage nach ihrer Bedeutung antwortete er: „Ich stimme dem Autor zu, daß ich ein besseres Christenleben führen muß, aber mein Herz sagt: 'Ja, aber wie?'" Nun vermute ich, viele meiner Leser werden sich dieselbe Frage stellen: „Ja, aber wie?"

Wie bereits erwähnt, hatte ich vor einigen Jahren das Vorrecht, ein Buch über Heiligkeit zu schreiben. Seit seiner Veröffentlichung boten sich mir zahlreiche Gelegenheiten, Vorträge zu diesem Thema zu halten, oft nur 45 Minuten an einem einzigen Abend. Um ein so weitgefaßtes Thema in so kurzer Zeit behandeln zu können, dachte ich viel darüber nach, welche Aspekte die wichtigsten wären. Ich kam auf fünf Dinge: Überzeugungen, Entschlossenheit, Disziplin, Abhängigkeit und Verlangen.

Überzeugungen: die Kenntnis der Wahrheit

In unserer Stelle in Epheser 4 sagt Paulus: „werdet erneuert im Geist eurer Gesinnung." Den Christen in Rom schreibt er: „Und seid nicht gleichförmig dieser Welt, sondern werdet verwandelt durch die Erneuerung des Sinnes" (12,2). Die Erneuerung des Sinnes setzt feste Überzeugungen voraus. Indem wir uns im Gebet mit der Schrift auseinandersetzen, beginnen wir Gottes Willen für Verhalten und Charakter zu verstehen. Der Heilige Geist überträgt sein Wort dann auf konkrete Lebensbereiche und da wir seiner Unterweisung gehorsam werden, entwickeln wir biblisch fundierte Überzeugungen. Unsere Werte verändern sich, und Gottes Maßstäbe werden unsere Freude und unser Verlangen.

Wer beispielsweise im Gebet über Epheser 4,25 - 5,7 nachdenkt, wird Gottes eindeutige Maßstäbe für Ehrlichkeit, Friedfertigkeit und Reinheit erkennen. Im Laufe des Christseins wird die volle Bedeutung dieser Maßstäbe immer klarer. Zuerst kämpfen wir gegen direktes Lügen an; später rechnen wir auch jeden direkten oder indirekten Versuch des Betruges unter Ehrlichkeit dem Nächsten gegenüber; und am Ende überführt uns der Heilige Geist der „Notlügen" und kleinen Schwindeleien, die zur Wahrung des Gesichts oder zur Vermeidung peinlicher Situationen dienen.

Solange wir an der Gottseligkeit arbeiten, erneuert der Heilige Geist fortlaufend unser Denken, vertieft unser Verständnis für sein Wort und befähigt uns, bessere Überzeugungen in Einklang mit seinem Willen zu gewinnen. Ohne solche biblisch fundierte, geistgeleitete Überzeugungen fallen wir bald menschlichen Gedankengebäuden zum Opfer, die gewöhnlich in eines von zwei Extremen fallen. Das eine Extrem ist ein gesetzliches Verbotsdenken, das an den eigentlichen Fragen des christlichen Wesens vorbeigeht; auf der anderen Seite steht jene Freizügigkeit, die sich den Werten und Gepflogenheiten der Welt anpaßt.

Den richtigen Weg finden wir nur, indem wir es dem Heiligen Geist gestatten, durch sein Wort unsere Überzeugungen umzuwandeln. Freilich müssen wir auch dabei Vorsicht walten lassen, um keine Überzeugungen auf einen mißverstandenen Bibeltext aufzubauen. Dabei können uns die Einsichten anderer Christen helfen. Ein besonderer Wert von Kleinbibelgruppen liegt in der Möglichkeit, unser Verständnis und unsere Anwendung der Schrift an anderen Gläubigen zu überprüfen und korrigieren zu lassen. Auch geistlich eingestellte Pastoren und Bibellehrer mit besonderer Begabung der Schriftauslegung können uns helfen, ein rechtes Verständnis zu gewinnen. Paulus selbst hielt es für einen Teil seiner Berufung, zum Wachstum des Volkes Gottes in der Erkenntnis der Wahrheit beizutragen, um so ihre Gottseligkeit zu fördern.

Hier muß Heiligkeit beginnen: bei der Erkenntnis der Wahrheit zur Erneuerung unseres Denkens, damit wir fähig werden zu verstehen, wie wir nach Gottes Willen leben sollen.

Unumstößliche Entschlossenheit

Eine Überzeugung ist nicht echt, solange sie keinen Entschluß bedingt, keinen unaufhebbaren Vorsatz, nach dem Wort Gottes zu leben. Erstens brauchen wir den unbedingten Willen zur Heiligkeit als Lebensstil. Heiligkeit ist für Gott so wesentlich, sie verdient in unserem Leben absoluten Vorrang. Wir müssen uns zum Gehorsam gegenüber allen Geboten Gottes verpflichten und dürfen nicht nach eigenen Vorstellungen die einen vorziehen und andere vernachlässigen. Schwarzfahren in der Straßenbahn ist genauso schlimm wie Diebstahl; mangelnde Bereitschaft zur Vergebung ist keine geringere Sünde als Mord. Damit sage ich nicht, alle Sünden wären vor Gott *gleich* abscheulich; aber jede Sünde *ist* abscheulich. Der Maßstab für Sünde ist nicht nur der Schaden, der dem Nächsten daraus erwächst, sondern die Beleidigung der Majestät Gottes.

Sünde ist für Gott immer ernst und darum müssen wir ernst mit ihr verfahren. Jede Sünde, wie unscheinbar sie uns auch vorkommen mag, ist eine Mißachtung der Souveränität Gottes. Nichts drängt mich so zwingend zu echter Sündenbekenntnis und Abkehr von der Sünde wie das Wissen um die Beleidigung der Würde Gottes und die Mißachtung seines Gesetzes, die auch die kleinste Sünde letztlich ausmacht.

Der Psalmist anerkennt die Tragik aller Sünden, indem er sagt: „Du hast deine Vorschriften geboten, daß man sie eifrig beobachte" (Psalm 119,4). Damit ist klar: Teilweiser

Gehorsam, zum Beispiel indem ich meinen Nächsten nicht bestehle, aber die Begierde nach seinem Besitz pflege, ist in Wirklichkeit gänzlicher Ungehorsam. Gottes Gebote sind *eifrig* zu befolgen. Nach der Bergpredigt ist Gehorsam in meinem Gedankenleben genauso wichtig wie Gehorsam in meinen Handlungen.

Die Reaktion des Psalmisten auf die Erkenntnis, wie schwer alle Sünde wiegt, ist der feste Wille zum Gehorsam. Er sehnt sich danach, seine Wege beständig im Gehorsam zu halten (V. 5). Er schwört sogar, die gerechten Gebote Gottes zu befolgen (V. 106). So bestärkt er seine Überzeugungen über Gottes Willen mit dem Entschluß, gehorsam zu sein.

Wir brauchen nicht nur den festen Willen zum geheiligten Lebensweg, sondern oftmals einen konkreten Entschluß einer bestimmten Versuchung gegenüber. Hiob schloß einen Bund mit seinen Augen, keinem Mädchen lüstern nachzublicken (31,1). Daniel nahm sich vor, sich nicht mit verbotener Speise zu verunreinigen, selbst da sie von der Tafel des Königs kam (1,8). Diese zwei alttestamentlichen Heiligen erhalten von Gott selbst das Zeugnis, zu den gerechtesten Menschen zu gehören, die je gelebt haben (Hesekiel 14,14); dennoch hielten beide es für nötig, konkreten Versuchungen aktiv entgegenzutreten. Für Hiob lag die Versuchung im eigenen Herzen; für Daniel in den besonderen Umständen. Beide reagierten mit dem festen Willen, gehorsam handeln zu wollen. Sie lebten ihre Überzeugungen tatsächlich aus.

Disziplin in Entscheidungen

Das dritte der fünf wesentlichen Elemente der Heiligkeit ist Disziplin bei der täglichen Entscheidungsfindung. Schon im Kapitel fünf haben wir die Bedeutung unserer laufenden Entscheidungen betrachtet: Wir werden, was wir tun. Um Heiligkeit zur Schau zu stellen, müssen wir lernen, in jeder konkreten Versuchung die richtige Wahl zu treffen. Gottes Gnade unterweist uns, die „Gottlosigkeit und die weltlichen Lüste" zu verleugnen (Titus 2,11-12). Zwar meint Paulus hier mehr die allgemeine Einstellung zur Sünde als Lebensweg, dieselbe Einstellung müssen wir jedoch bei konkreten

Versuchungen gewinnen. Ich gehe sogar so weit, ein verhaltenes oder leises *Nein* auszustoßen, zugleich mit einem Gebet um die Kraft des Heiligen Geistes, diese Entscheidung auch umzusetzen.

In Römer 8,13 gebietet uns Paulus, die Handlungen des Leibes zu töten. Das tun wir durch unsere Entscheidungen, nicht nur, indem wir Versuchungen verneinen, sondern genauso, indem wir positive Schritte bejahen. Wir müssen uns in disziplinierten Entscheidungen üben, uns durch Gottes Kraft immer mehr seinem Willen annähern und konsequenter um die Kraft und Gnade beten, ein Nein zur Versuchung zu finden. Wir müssen alle praktischen Schritte tun, um unsere altbekannten Versuchungen zu meiden und vor jenen zu fliehen, die uns überraschend treffen. Das sind einige praktische Schritte, durch die wir Disziplin im Heiligungsprozeß lernen können. Eines ist klar: Disziplin erfordert nichts weniger als ein *kompromißloses* Bemühen, sich von jeder Sünde abzuwenden und in allen Lebensbereichen den Willen Gottes zu tun.

Abhängigkeit vom Geist

Sobald wir aber die persönliche Verantwortung für praktisches Handeln betonen, stehen wir in der Gefahr, das Streben nach Heiligkeit von unserer eigenen Willenskraft und Charakterstärke abhängig zu machen. Nichts aber ist weiter von der Wahrheit entfernt. Bei der Arbeit an der Gottseligkeit sind wir sowohl *persönlich verantwortlich als auch völlig abhängig* vom Heiligen Geist. Unser Herz können wir nicht umwandeln, das ist einzig und allein dem Heiligen Geist vorbehalten, aber wir dürfen uns der Mittel bedienen, die er einsetzt.

In Römer 12,2 wird uns aufgetragen, uns durch die Erneuerung des Sinnes *verwandeln* zu lassen. *Verwandeln* meint hier „Veränderung von innen." John Murray sagt dazu: „Dieser Ausdruck bedeutet einen ständigen Veränderungsprozeß durch die Erneuerung unserer Gedanken- und Sinneswelt."[3] Damit ist nichts Geringeres als die völlige Umgestaltung unserer Wünsche und Werte gemeint. Diese

Verwandlung ist ausschließlich das Werk des Heiligen Geistes. Durch sein Wirken werden wir immer mehr in das Bild unseres Herrn umgestaltet. Sogar ein Ungläubiger kann bestimmte Verhaltensweisen ändern, aber nur der Heilige Geist kann uns von innen her umgestalten; nur er kann uns neue Wünsche und Werte geben.

Wieder verweise ich hier auf den erleuchteten Autor von Psalm 119, der seine Abhängigkeit vom Geist zur Umwandlung innerer Gedanken und Wünsche anerkennt. Er betet: „Neige mein Herz zu deinen Zeugnissen und nicht zum Gewinn! Wende meine Augen davon ab, das Eitle zu betrachten. Belebe mich auf deinen Wegen!" (Vers 36-37). Derselbe Gottesmann, der an anderen Stellen seine persönliche Verantwortung so stark hervorhebt, weiß hier um seine völlige Abhängigkeit von Gott, um ihn von innen her umzugestalten. Paulus sagt, er habe *gelernt*, sich in jeder Lebenslage zu begnügen. Ganz sicher nahm er seine eigene Verantwortung für diesen Gesinnungswandel wahr. Ebenso selbstverständlich war ihm die völlige Abhängigkeit vom Heiligen Geist, der diese Umgestaltung in ihm vornahm (Philipper 4,11-13).

Dieses Prinzip der gleichzeitigen persönlichen Verantwortung und völligen Abhängigkeit von Gott ist eine der wichtigsten Grundlagen für die Arbeit an der Gottseligkeit. Ohne diesen Grundsatz können wir in unserem Leben nicht den geringsten Fortschritt erzielen.

Gottzentrierte Sehnsucht

Das fünfte Grundelement, nach Heiligkeit zu streben, ist eine *gottzentrierten Sehnsucht*. Schon in Kapitel fünf haben wir die Notwendigkeit einer auf Gott ausgerichteten Motivation zum Wachstum in allen christlichen Tugenden hervorgehoben. Dieses, von Gott bewirkte, Bewegtsein ist beim Streben nach Heiligkeit besonders wesentlich, um das sündige Wesen des alten Menschen abzulegen. Wir wollen von Natur aus überall und immer siegen, ob bei einem Tischtennismatch oder im Kampf gegen die Sünde, weil wir uns nach einem positiven

Selbstwertgefühl sehnen, und solange wir die Sünde über uns herrschen lassen, ist das absolut unmöglich.

Ein Schriftsteller des vergangenen Jahrhunderts drückt das folgendermaßen aus: Oft stört uns an der Sünde vielmehr die eigene Schande als die Unehre, die wir Gott antun. Wir stoßen uns am eigenen Mangel an Selbstbeherrschung, so wir uns einer unwürdigen Gewohnheit hingeben. Wir sind tief enttäuscht, da wir wiederholt versagen.

Diese, auf uns selbst gerichteten, Beweggründe kann Gott nicht anerkennen. Darum erleben wir im täglichen Kampf gegen unsere „Dauersünden" nichts von seiner Kraft. Gott hilft uns nicht, damit wir ein positives Selbstwertgefühl erwerben; ihm geht es um unseren Gehorsam zu seiner Ehre. Ein positives Selbstwertgefühl ist nichts Schlechtes, es darf jedoch höchstens ein Nebenprodukt unseres Gehorsams sein, gestützt auf die Sehnsucht, Gott zu gefallen.

In früheren Kapiteln lernten wir, Gottseligkeit sei vor allen Dingen Gottzentriertheit. Das ist gerade bei der Heiligkeit entscheidend wichtig. Unser Verlangen nach Heiligkeit sowie unsere Beweggründe zum Streben danach müssen auf Gott gerichtet sein. Diese gottzentrierte Motivation erfordert Übung und Training, sie entsteht nicht von selbst. Von Natur aus sind wir egozentrisch. Ehrlicherweise müssen wir an uns meist eigensüchtige Motive feststellen. Diese gilt es zu bekennen und aufzugeben, so wie jeden Ungehorsam, um nach gottzentrierter Motivation zu streben.

Anmerkungen

1. Howard Marshall: „The Epistles of John", in: *The New International Commentary on the New Testament* (Grand Rapids, Mich.: Eerdmans 1978), S. 109

2. Diese fünf wesentlichen Elemente sowie andere Aspekte der Heiligkeit behandelt derselbe Autor eingehender in *Lebensstil: Heiligung* (TELOS-Taschenbuch Nr. 327).

3. John Murray: „The Epistle to the Romans", in: *The New International Commentary on the New Testament*, Bd. II (Grand Rapids, Mich.: Eerdmans 1965), S. 114

11

Selbstbeherrschung

Eine aufgebrochene Stadt ohne Mauer,
so ist ein Mann ohne Selbstbeherrschung.
Sprüche 25,28

In alten Zeiten waren die Mauern einer Stadt ihre wichtigste Verteidigung. Ohne sie wurde jede Stadt eine leichten Beute für die Feinde. Nehemia, ein verschleppter Jude im fernen Susa, weinte über die Nachricht von der zerstörten Mauer Jerusalems, welche die vollendete Vernichtung der geliebten Stadt bedeutete.

Selbstbeherrschung ist die Mauer des Gläubigen gegen die sündigen Begierden, die gegen die Seele streiten. Charles Bridges erklärt, warum jemand ohne Selbstbeherrschung zur leichten Beute jedes Angreifers wird: „Er gibt beim ersten Angriff auf seine ungezügelten Leidenschaften nach, bietet keinen Widerstand ... Ohne Selbstzucht führt die Versuchung fast unausbleiblich in die Sünde, bis hinein in ungeahnte Tiefen ... Zorn wird zu Mord. Unachtsamer Umgang mit Lust wächst sich zu Ehebruch aus."[1]

Selbstbeherrschung läßt sich am besten als *Herrschaft über die eigenen Begierden* verstehen. D. G. Kehl definiert sie als „die Fähigkeit zur Vermeidung von Exzessen, zum Verbleiben in vertretbaren Grenzen."[2] Bethune nennt sie „die gesunde Kontrolle unserer Wünsche und Leidenschaften, um ihr Überhandnehmen in Schranken zu weisen."[3] Beide Definitionen setzen voraus, was wir alle wissen: Wir neigen von Natur aus dazu, unseren normalen Sehnsüchten im Übermaß nachzugehen und müssen sie daher zügeln.

Selbstbeherrschung geht allerdings weit über die Zurückhaltung unserer körperlichen Wünsche und Begierden hinaus. Sie umfaßt auch Gedanken, Gefühle und Worte. Wahre Selbstzucht umfaßt die *Bejahung* dessen, was wir zu tun haben, und die *Verneinung* dessen, was zu unterlassen ist. Von Anfang an *will* ich nur selten die Bibel studieren. Zu viele andere Dinge wären viel leichter zu bewerkstelligen: Zeitungen lesen, in Zeitschriften herumblättern oder Bücher verschlingen. Ich brauche also Selbstbeherrschung, um mich mit Bibel und Notizblock an den Küchentisch zu setzen und meinem Herzen einen Ruck zu geben. Das mag nicht sehr geistlich klingen, viel besser ist der Ausruf des Apostels Paulus aber auch nicht: „Ich zerschlage meinen Leib und knechte ihn" (1. Korinther 9,27).

Selbstbeherrschung ist nötig, weil wir uns im Krieg mit den sündigen Leidenschaften befinden, die uns mit sich fortreißen und zur Sünde verlocken (Jakobus 1,14). Sie streiten gegen unsere Seele (1. Petrus 2,11); Paulus bezeichnet sie als betrügerisch (Epheser 4,22). Diese sündigen Begierden sind deshalb so gefährlich, weil sie in unserem Herzen wohnen. Versuchungen von außen wären bei weitem nicht so mächtig, würden sie nicht in unseren eigenen Begierden auf einen Verbündeten stoßen.

Selbstbeherrschung ist ein wesentlicher Charakterzug des Christen, der zum Gehorsam befähigt: „Wenn jemand mir nachkommen will, verleugne er sich selbst und nehme sein Kreuz auf sich täglich und folge mir nach" (Lukas 9,23). Nachfolge ist ohne Selbstbeherrschung undurchführbar.

Im Neuen Testament finden wir zwei Ausdrücke, die den Begriff der Selbstbeherrschung umfassen: „Enthaltsamkeit" und „Besonnenheit." Enthaltsamkeit, wie Paulus sie in der Frucht des Geistes anführt, bedeutet Mäßigung und Zurückhaltung bei der Befriedigung unserer Sehnsüchte und Begierden. Ein befreundeter ehemaliger Griechischlehrer gibt den Begriff wörtlich mit „innere Kraft", also Charakterstärke zur Beherrschung der eigenen Lüste und Leidenschaften, wieder. „Besonnenheit" bedeutet im Neuen Testament: gesundes Denk- und Urteilsvermögen. Unsere gesunde Urteilskraft soll über Wünsche und Begierden, aber auch Gedanken, Gefühle und Handlungen herrschen.

Diese beiden Begriffe fügen sich nahtlos zur biblischen Bedeutung der Selbstbeherrschung aneinander. Das gesunde Urteilsvermögen befähigt uns, zu entscheiden, was wir tun und wie wir reagieren sollen. Aus der inneren Kraft kommt schließlich der Wille zur richtigen Tat. Sowohl gesundes Urteilsvermögen als auch innere Kraft sind für die geistgeleitete Selbstbeherrschung unerläßlich.

Ohne gesunde Urteilskraft ist Selbstbeherrschung unmöglich. Erst sie befähigt den Gläubigen, nicht nur zwischen Gut und Böse zu unterscheiden, sondern auch zwischen dem Guten und dem Besten. Das gesunde Urteilsvermögen hilft uns bei der Bestimmung des rechten Maßes unserer Sehnsüchte, Wünsche und Gewohnheiten. Es ermöglicht die Kontrolle unserer Gedanken und die Zügelung unserer Gefühlswelt.

Gesundes Urteilsvermögen allein ist jedoch für die Selbstbeherrschung viel zu wenig. Dazu gehört unbedingt die innere Kraft. Nur zu oft wissen wir genau, was wir tun müßten, tun es aber trotzdem nicht. Wir lassen unsere Gefühle und Begierden über das Urteil des Verstandes herrschen. *Selbstbeherrschung ist die Ausübung innerer Kraft unter der Anleitung eines gesunden Urteilsvermögens, um zu tun, zu denken und zu sagen, was Gott wohlgefällt.*

Da die Tugend der Selbstbeherrschung so viele Lebensbereiche betrifft, wollen wir uns im folgenden auf die drei wichtigsten beschränken: Körper, Gedanken und Gefühle.

Gott ehren am eigenen Körper

„Und Gott, der HERR, ließ aus dem Erdboden allerlei Bäume wachsen, begehrenswert anzusehen und gut zur

Nahrung" (1. Mose 2,9). Gott schuf den Menschen mit der Fähigkeit zu sinnlichem Genuß; viele Dinge sind für unsere Sinne und körperlichen Wünsche begehrenswert. Die Bäume der Schöpfung waren nicht nur zur Nahrung geeignet, sondern auch schön anzusehen. Es ist Gottes Schöpfungswille, uns die leiblichen Dinge dieses Lebens zu schenken, damit wir sie genießen können. Wie Paulus in 1. Timotheus 6,17 sagt: „Gott, der uns alles reichlich darreicht zum Genuß."

Der Mensch in seiner Sünde hat alle natürlichen Segnungen Gottes entstellt. Weil unsere Begierden fehlgeleitet sind, wollen uns die gottgegebenen, zu Genuß und Freude gedachten Leidenschaften beherrschen. Davor warnte Paulus. die Gläubigen in Korinth eindringlichst: „Alles ist mir erlaubt, aber ich will mich von nichts beherrschen lassen" (1. Korinther 6,12). Erst durch Mäßigung, wie sie aus der Selbstbeherrschung entsteht, werden erlaubte Freuden nicht zu unseren Beherrschern.

In seinem kurzen Brief an Titus, der zur Unterweisung in den Pflichten eines Gemeindeleiters auf Kreta gedacht ist, schneidet Paulus das Thema „Selbstbeherrschung" mehrmals an. Besonnenheit, Nüchternheit und Enthaltsamkeit werden von den Ältesten, alten Männern und Frauen, aber auch jungen Männern und Frauen gefordert, eben von allen Gläubigen. Warum legt Paulus so großes Gewicht darauf? Weil die Kreter „immer Lügner, böse, wilde Tiere, faule Bäuche" waren (1,12). Sie hatten Selbstbeherrschung bitter nötig. Ein „fauler Bauch" hat im Bereich der Selbstbeherrschung bestimmt noch manches zu lernen.

Körperliche Selbstbeherrschung ist vor allem auf drei Bereiche der Versuchung ausgerichtet: Völlerei (Essen und Trinken), Faulheit und sexuelle Unmoral und Unreinheit. Obwohl Alkoholismus in unserer ungläubigen Umgebung ein schweres Problem ist, halte ich sie unter Christen nicht für vordergründig. Bei Völlerei sieht die Sache dagegen anders aus. Nicht wenige Christen verköstigen sich recht ausgiebig. Sie lassen dem sinnlichen Aspekt des gottgegebenen Appetits freien Lauf und fallen dadurch in Sünde. Bedenken wir:

Sogar essen und trinken sollen wir zur Ehre Gottes (1. Korinther 10,31).

Und Faulheit? Wir halten uns im allgemeinen nicht für faul, jedenfalls nicht so faul wie die Kreter. Wir arbeiten nicht gerade wenig, unsere Wohnungen sind schön tapeziert und immer geputzt. Ist Faulheit für uns ein Problem?

Betrachten wir dazu eine Episode aus dem Leben Jesu. Markus schreibt. „Und frühmorgens, als es noch sehr dunkel war, stand er auf und ging hinaus und ging fort an einen einsamen Ort und betete dort" (1,35). Das frühe Aufstehen unseres Herrn, damit er ungestört beten konnte, ist für uns bestimmt vorbildlich. Gehen wir aber noch einen Schritt weiter! Wie sah der vorherige Abend aus? Nach Sonnenuntergang brachten die Leute alle Kranken und Besessenen zu Jesus. Die ganze Stadt war vor der Tür versammelt (Markus 1,32-34). Jesus war wahrscheinlich völlig erschöpft.

Sie und ich, wir hätten uns nach einem solchen Tag eine Stunde zusätzlichen Schlafes gegönnt. Hätten wir das nicht wirklich verdient? Jesus wußte aber, wie wichtig die Zeit der Gemeinschaft mit dem Vater war und er zwang seinen Leib, ihm diese zur Verfügung zu stellen.

Ich fürchte, nur eine verschwindende Minderheit von uns modernen Christen pflegt eine intensive, tägliche Stille Zeit. Manche mißachten sie überhaupt, andere lassen sie nur sporadisch stattfinden. Wir neigen vor allem bei der Zeiteinteilung zu körperlicher Faulheit und Disziplinlosigkeit.

Andere Christen wiederum haben gelernt, morgens zeitgerecht aufzustehen, um die Gemeinschaft mit Gott zu pflegen, aber ihnen fehlt die Selbstbeherrschung zur Körperpflege. Manche betreiben an ihrer Gesundheit Raubbau, indem sie sich Ruhe und Erholung verweigern; einige vernachlässigen die körperliche Bewegung und werden dadurch schlaff und abgespannt. Alle müssen wir es lernen, unseren Körper in Zucht zu nehmen.

Selbstbeherrschung im sexuellen Bereich betrifft sowohl den Körper als auch den Geist. Noch vor 30 Jahren wäre

Ermahnung auf diesem Gebiet unter Christen kaum nötig gewesen. Schmutzige Gedanken vielleicht; aber sogar der moralisch konservativere Teil der ungläubigen Gesellschaft verurteilte jede Sittenlosigkeit. Heute schaut das anders aus. Von Soziologen und Psychologen hören wir, vorehelicher und außerehelicher Geschlechtsverkehr sei gutzuheißen, solange er nicht ein emotionelles Ungleichgewicht bedinge.

Leider fallen diesen Einflüsterungen viele Christen zum Opfer. Unmoral unter Ledigen und unter Verheirateten wächst sich auch unter uns zu einem wichtigen Problem aus. Seit der Urgemeinde, mitten im lasterhaften Heidentum des ersten Jahrhunderts, dürfte der Mangel an sexueller Enthaltsamkeit unter Christen noch nie so kraß gewesen sein wie heute.

Gottes Maßstab für sexuelle Enthaltsamkeit ist die *absolute Abstinenz* außerhalb der Ehegemeinschaft. Wenn Selbstbeherrschung (nach Kehl) die Fähigkeit ist, sich in vernünftigen Schranken zu bewegen, müssen wir hier eine eindeutige göttliche Schranke anerkennen, die klar aussagt, daß sexuelle Beziehungen ausschließlich in die Ehe gehören. Wie es in Hebräer 13,4 heißt: „Die Ehe sei ehrbar in allem, und das Ehebett unbefleckt; denn Unzüchtige und Ehebrecher wird Gott richten." Auch die Worte von Paulus an die Gläubigen in Thessalonich lassen keinen Raum für Zweifel: „Denn dies ist Gottes Wille: eure Heiligung, daß ihr euch von der Unzucht fernhaltet, daß jeder von euch sich sein eigenes Gefäß in Heiligkeit und Ehrbarkeit zu gewinnen wisse, nicht in Leidenschaft der Lust wie die Nationen, die Gott nicht kennen" (1. Thessalonicher 4,3-5).

Der Christ muß diese Enthaltsamkeit nicht nur im Bereich der Geschlechtlichkeit üben, sondern auch bei unreinen Gedanken, lüsternen Blicken und doppeldeutiger Rede. Jesus sagt: „Ich aber sage euch, daß jeder, der eine Frau ansieht, sie zu begehren, schon Ehebruch mit ihr begangen hat in seinem Herzen" (Matthäus 5,28). Ein lüsterner Blick mündet rasch in einen unreinen Gedanken. Sind schon *Taten* der Unmoral ein wachsendes Problem unter Christen, sieht es bei unreinen *Gedanken* noch viel böser aus. Sexuelle Lustgefühle liegen im Herzen jedes Christen verborgen. Sogar der gerechte

Hiob hielt es für nötig, radikale Maßnahmen gegen diese Versuchung einzuleiten; er schloß einen Bund mit seinen Augen, kein Mädchen lüstern anzusehen (31,1). Was zur Zeit Hiobs nötig war, ist in unserer heutigen Gesellschaft nur umso dringender erforderlich, da sexuelle Lust selbst für Zündkerzenreklamen ausgenützt wird.

Körperliche Selbstbeherrschung speziell auf dem Gebiet der sexuellen Reinheit, führt ganz natürlich in ein anderes Gebiet der Selbstbeherrschung: die Gedankenwelt.

Jeden Gedanken gefangennehmen

Paulus sagt: „(Wir) nehmen jeden Gedanken gefangen unter den Gehorsam Christi" (2. Korinther 10,5). Zwar geht es im Zusammenhang um die Gedanken der Widersacher in Korinth, wir können jedoch dasselbe Prinzip auf unsere eigenen Gedanken anwenden. Die Beherrschung der Gedanken bedeutet die Verbannung aller Gedanken, die Gott nicht wohlgefällig sind.

Die beste Richtlinie zur Bewertung der eigenen Gedanken spricht Paulus in Philipper 4,8 aus: „Übrigens, Brüder, alles, was wahr, alles, was ehrbar, alles, was gerecht, alles, was rein, alles, was liebenswert, alles, was wohllautend ist, wenn es irgendeine Tugend und wenn es irgendein Lob gibt, das erwägt!" Beherrschung des Denkens ist somit mehr als die Ablehnung sündhafter Gedanken, wie Lust, Habsucht, Neid oder Eigensucht. Sie umfaßt auch die Konzentration der Gedanken auf das, was Gott wohlgefällt.

Salomo warnt: „Mehr als alles, was man sonst bewahrt, behüte dein Herz! Denn in ihm entspringt die Quelle des Lebens" (Sprüche 4,23). Im Hebräischen steht das „Herz" im allgemeinen für die Gesamtheit des Bewußtseins: Verständnis, Gefühle, Gewissen und Wille; diese Warnung betrifft jedoch vor allem die Gedankenwelt. In unseren Gedanken nehmen Gefühle und Handlungen ihren Ursprung. Hier fassen die sündigen Begierden Wurzeln und verlocken uns zur Sünde.

Unser Herz ist ein Treibhaus für unreine Gedanken, die, einmal gepflanzt, gehegt und gepflegt werden, bevor sie in

Form von Handlungen nach außen versetzt werden. Nur selten verfällt jemand völlig unvermutet der Freßsucht oder Unzucht. Gewöhnlich werden diese Dinge gedanklich lange vorbereitet, bevor sie Wirklichkeit werden. Darum ist unsere Gedankenwelt die Vorhut in der Schlacht um die Selbstbeherrschung.

Die Tore zu unseren Gedanken sind vor allem die Augen und Ohren. Was wir sehen, lesen und hören, bestimmt großteils unser Denken. Natürlich spielt auch die Erinnerung eine wesentliche Rolle; sie gibt jedoch nur Inhalte wieder, die Augen und Ohren ursprünglich speicherten. Wer sein Herz behüten möchte, muß zuerst seine Augen und Ohren bewahren. Wir dürfen nichts einlassen, was zu Lust, Habsucht (heute Materialismus genannt), Neid und Eigensucht beiträgt. Das gilt für solche Gedanken weckende Fernsehsendungen, Zeitschriften oder Zeitungsartikel, Werbungen und Gespräche. Diese Dinge sind von uns nicht bloß zu meiden, sondern, nach Paulus' Worten an Timotheus, vor ihnen haben wir sogar zu „fliehen." In beiden Timotheusbriefen hielt es Paulus für angebracht, Timotheus zur *Flucht* vor der Versuchung aufzurufen. Obwohl Timotheus als gottergebener Gemeindeleiter bekannt ist, hatte er es nötig, Selbstbeherrschung zu üben.

Wir sollen unser Herz *behüten* und vor der Versuchung *fliehen*. Beide Ausdrücke beinhalten eine weitaus radikalere Reaktion auf die Versuchung, als wir sie tatsächlich praktizieren. Statt die Tore unseres Denkens zu behüten, öffnen wir sie weit für die Flut gottloser Inhalte, die uns über Fernsehen, Zeitung und Zeitschriften und die Gespräche der Welt erreicht. Statt vor der Versuchung zu fliehen, suhlen wir uns in lüsternen Gedanken.

Wir gestatten unseren Gedanken, was wir nie tun würden, weil andere Menschen unsere Gedanken nicht sehen. Gott sieht sie aber!!! David sagt. „Du verstehst mein Trachten von fern" und „Das Wort ist noch nicht auf meiner Zunge, siehe, HERR, du weißt es genau" (Psalm 139,2.4). Der gottesfürchtige Christ beherrscht seine Gedanken - nicht aus Angst davor, was andere denken könnten, sondern was Gott darüber denkt. Er betet: „Laß die Reden meines Mundes und das Sinnen meines Herzens wohlgefällig vor dir sein, HERR, mein Fels und mein Erlöser" (Psalm 19,15).

Nicht nur Fernsehen und Zeitungen bringen unsere Gedanken auf Irrwege. Die Liste guter Gedanken in Philipper 4,8 fordert „wahre" und „ehrbare", nicht nur „reine" Gedanken. Ein Christ mag gar nicht so sehr mit unreinen Gedanken kämpfen und trotzdem der Versuchung unwahrer und unehrenhafter Gedanken erliegen. Tratsch, Verleumdung oder Kritik an anderen müssen wir nicht weniger ablehnen, egal, ob wir sie nur hören oder selbst über die Zunge bringen.

Niemand kann einer verleumderischen und kritischen Rede zuhören und sie gutheißen, ohne danach unwahre und unehrenhafte Gedanken über die betroffene Person zu hegen. Bewahren wir unser Herz, hüten wir unsere Zunge, denn Jesus sagt: „Aus der Fülle des Herzens redet der Mund" (Matthäus 12,34).

Die Gefühle in Schranken halten

Zu den unerlaubten Gefühlen gehören Jähzorn, Wut, Groll, Selbstmitleid und Bitterkeit. Diese Gefühle sind entweder explosiv, wie bei Jähzorn, oder schwelend wie bei Selbstmitleid. Beide jedoch sind widergöttlich und fallen unter die Selbstbeherrschung.

Ein Wutausbruch ist nicht mit einem Leben der Gottseligkeit vereinbar. Er ist nicht nur deshalb schädlich, weil er unkontrollierte, sündige Leidenschaften an die Oberfläche läßt, sondern vor allem, weil er das Opfer der Beschimpfungen tief verletzt. Hier ist Selbstbeherrschung in besonderem Maße gefragt. Unkontrollierte Gedanken und andere Emotionen sind verborgene Sünden; sie schaden nur uns selbst, sofern sie nicht in sündige Worte oder Taten münden. Jähzorn aber schadet der Selbstachtung anderer, schafft Bitterkeit und vernichtet Beziehungen.

Viele Gläubige neigen von ihrem Temperament dazu, in bestimmten Situationen anderen „gründlich die Meinung zu sagen." Der reife Christ hat aber gelernt, diese Neigung zu überwinden. Salomo sagt: „Besser ein Langmütiger als ein Held, und besser, wer seinen Geist beherrscht, als wer eine Stadt erobert" (Sprüche 16,32). Ein schwieriges Temperament zu haben ist keine Sünde; es nicht zu zügeln sehr wohl. Ein jähzorniges Gemüt läßt sich nur durch geistliche Selbstbeherrschung in Schranken weisen.

Über Sprüche 16,32 hat jemand gesagt: „Man beachte, wie wertvoll ein gezähmtes Gemüt für Gott ist. Es ist kostbarer als ein entscheidender Sieg in der Schlacht." Charles Bridges meint dazu: „Die Einnahme einer Stadt ist ein Kinderspiel gegen diesen Kampf ... Jene ist das Werk eines Tages; dieser hingegen der zermürbende, unablässige Konflikt eines Lebens."[4] Wer unter oftmaligem Versagen einen harten Kampf führt, um sein Temperament zu zügeln, darf sich an dem besonderen Wert erquicken, den Gott diesem Kampf beimißt. Dann wird er dessen Mühsal viel leichter auf sich nehmen.

Andere ungezügelte Gefühle, wie Groll, Bitterkeit und Selbstmitleid, schaden zwar anderen nicht so sehr, zernagen aber uns selbst und unsere Beziehung zu Gott. Ein Wutausbruch verraucht bald. Groll, Bitterkeit und Selbstmitleid dagegen schwelen im Herzen weiter und zerfressen unser geistliches Leben wie Motten ein altes Kleid.

All diese sündigen Gefühle haben ihre Selbstsucht gemein. Sie erheben die eigenen Enttäuschungen, den verletzten Stolz oder die zerbrochenen Träume eines Lebens auf den Thron und verehren sie als Götzen. Wir nähren Groll und Bitterkeit und suhlen uns im Selbstmitleid. Intellektuell wissen wir: Gott wirkt in allem zu unserem Besten, nichts kann uns von seiner Liebe scheiden. Entgegen all dieser gottgegebenen Verheißungen hegen und pflegen wir trotzdem *bewußt* entehrende Gedanken über Gott, die unserer geistlichen Gesundheit unermeßlichen Schaden zufügen.

Wie der Apostel Paulus seinen eigenen Leib schlug (bildhaft gesprochen natürlich), so müssen wir unseren sündhaften Gefühlen einen Riegel vorschieben. Wir müssen sie an der Wurzel packen und ausradieren. Die eigenen Gefühle zu zügeln, ist für die Arbeit an der Gottseligkeit nicht minder wichtig wie die Beherrschung der körperlichen Begierden und Leidenschaften.

Die Ketten der Selbstsucht abwerfen

Im Kampf um Selbstbeherrschung ist das zentrale Schlagwort *wachsen*. Nie werden wir uns in allen Lebensbereichen voll in der Hand haben. Zudem sieht der Kampf um die Selbstbeherrschung für jeden von uns ein wenig anders aus. Der eine mag keine Probleme mit körperlicher Selbstbeherrschung haben und statt dessen mit geistlichem Stolz kämpfen. Der andere vermag unreine Gedanken weit von sich zu schieben und versinkt dafür in Groll oder Selbstmitleid. Da wir dazu neigen, andere gerade dort ob ihrer Unbeherrschtheit zu verurteilen, wo wir selbst keine Probleme haben, wollen wir uns die eigenen Kampfgebiete vor Augen halten und Nachsicht üben.

Selbstbeherrschung beginnt beim gesunden Urteilsvermögen, wozu die Bibel unerläßlich ist. Unsere Urteilskraft muß auf einer soliden Kenntnis der göttlichen Maßstäbe, wie sie die Schrift offenbart hat, beruhen. Unser Körper, unsere Gedanken und Gefühle müssen sich diesen Maßstäben beugen. Vor Jahren, als ich meine ersten Schritte in der Gehschule des Christseins unternahm, hörte ich den Ausspruch: „Entweder hält Gottes Wort dich von der Sünde ab, oder die Sünde hält dich von Gottes Wort ab." Das ist keine Binsenweisheit, auch ist die Bibel kein Zaubermittel zur Abwehr der Versuchung. Das gesunde Urteilsvermögen, das aus dem Nachsinnen über das Wort Gottes erwächst, warnt uns vor dem Ansturm des Feindes, der unter dem Banner sündhafter Begierden die Festung unseres Herzens stürmt.

Die gesunde Urteilskraft hilft uns zudem, unsere eigenen Nöte im Bereich der Selbstbeherrschung zu erkennen. Paulus gibt uns den guten Rat, „nicht höher von sich zu denken, als zu denken sich gebührt" (Römer 12,3). Das gilt nicht nur für die geistlichen Gaben, sondern auch für die geistlichen Nöte. Siehe Sprüche 27,12: „Der Kluge sieht das Unglück und verbirgt sich." Geistliche Klugheit erfordert rechte Selbsteinschätzung, die Kenntnis unserer Schwächen und verwundbaren Stellen. Nur wer sowohl die Schrift als auch sich selbst gut kennt, wird gesundes Urteilsvermögen ausüben lernen.

Danach müssen wir uns fragen, ob wir wirklich bereit sind, den kurzfristigen Genuß der Sünde aufzugeben, um Gott wohlzugefallen. Kehl meint dazu: „Der Anfang der Selbstzucht ist die Zucht unter Christus, die Demütigung unter seine Herrschaft. 'Willst du dein Fleisch deinem Geist unterwerfen?', fragt Augustinus, 'dann unterwirf deinen Geist Gott. Du mußt unterworfen sein, um zu unterwerfen.'"[5] Sind wir bereit, Jesus Christus zum Herrn unserer Sehnsüchte und Begierden, unserer Gedanken und Gefühle zu machen? Da Selbstbeherrschung mit gesunder Urteilskraft beginnt, setzt sie die Kapitulation vor Christi Machtanspruch in jedem Lebensbereich voraus.

Dann gilt es zu erkennen, der Schauplatz unseres Kampfes um Selbstbeherrschung ist vor allem unser eigenes Herz; es ist ein Kampf gegen die eigenen Leidenschaften, Gedanken und Sehnsüchte. Wo wir versagt haben, unsere Wünsche und Gefühle zu zügeln, sind unsere Antennen gegenüber den entsprechenden Versuchungen auf Empfang geschaltet. Der kleinste äußere Anreiz mag einen solchen „Antennenmenschen" zum Explodieren bringen. Wer sich gewohnheitsmäßig vor körperlichen Trieben und Lüsten beugt, ist ständig für Gelegenheiten zur Befriedigung seiner fleischlichen Gelüste empfangsbereit. Lernen wir, diese Leidenschaften zu verneinen, sobald sie in unser Herz treten.

Vor allem müssen wir um die innere Kraft beten, unsere Leidenschaften und Begierden in Schranken zu halten. Es ist Gott, der in uns das Wollen und das Wirken herbeiführt. Bringen wir unsere eigenen Schwächebereiche allen Ernstes mit ehrlichem Flehen vor Gott. Zugleich wird der Wille durch Gehorsam gestählt. Je mehr wir zu sündigen Wünschen nein sagen, desto leichter wird es uns fallen, zu widerstehen. Dazu müssen wir aber durch viel Versagen hindurch stark bleiben. Ein Großteil des Erlernens der Selbstbeherrschung besteht im Bruch mit schlechten Gewohnheiten, die durch gute ersetzt werden müssen. Dazu gehört immer ein Maß an Versagen.

Schließlich gilt, was Kehl schreibt: „Wahre geistliche Selbstzucht hält den Gläubigen in Schranken, nicht jedoch in Fesseln; sie macht frei und weit und schafft breiten Raum."[6] Jakobus bezeichnet das Wort Gottes als „das vollkommene Gesetz der Freiheit" (1,25). Indem wir in der Tugend der Selbstbeherrschung wachsen, werden wir die Befreiung derjenigen erfahren, die sich unter der Anleitung des Heiligen Geistes von den Ketten der Selbstsucht losreißen und in die Freiheit wahrer geistlicher Disziplin treten.

Anmerkungen

1. Charles Bridges: *An Exposition of Proverbs* (1846; Neuaufl. Evansville, Indiana: Sovereign Grace Book Club 1959), S. 483

2. D. G. Kehl: *Control Yourself!* (Grand Rapids, Mich.: Zondervan Publishing House 1982), S. 25. Dieses Buch empfehle ich allen, die sich näher mit dem Thema der Selbstbeherrschung auseinandersetzen wollen.

3. Bethune: *The Fruit of the Spirit*, S. 179

4. Charles Bridges S. 250

5. Kehl S. 79

6. Kehl S. 26

12

Treue

*Die meisten Menschen rufen
ihre eigene Frömmigkeit aus;
aber einen zuverlässigen Mann,
wer findet ihn?*
Sprüche 20,6

Ich schlage in meiner Konkordanz unter *Treue* nach und zähle überschlagsmäßig mehr als sechzig Bibelstellen, in denen von der Treue Gottes die Rede ist. Erwartungsgemäß stehen um die vierzig von ihnen in den Psalmen, die mehr als jedes andere Bibelbuch von den Kämpfen der Gläubigen und ihrer völligen Abhängigkeit von Gott erzählen.

Bedenken wir einen Augenblick lang die absolute Notwendigkeit von Gottes Treue. Unsere endgültige Erlösung ist ohne seine Treue unmöglich (1. Korinther 1,8-9), ebenso unsere Bewahrung in der Versuchung (1. Korinther 10,13), unsere Heiligung (1. Thessalonicher 5,23-24), die Vergebung unserer Sünden (1. Johannes 1,9), jede Bewahrung in Zeiten der Not (1. Petrus 4,19) und die Erfüllung unserer Hoffnung auf ewiges Leben (Hebräer 10,23). Das Leben des Christen ruht völlig in der Treue Gottes und in der Gewißheit: „Treu ist der HERR in allen seinen Worten" (Psalm 145,13).

Im Nachdenken über diese Treue Gottes staunt der Psalmist:

> Von Geschlecht zu Geschlecht (will ich) mit meinem
> Mund deine Treue verkündigen. Denn ich sagte: ...
> In den Himmeln wirst du festgründen deine Treue.
> (Psalm 89,2-3)

Sogar der Prophet Jeremia ruft inmitten seiner Klagen über das Gericht Gottes gegen Juda aus: „Groß ist deine Treue" (Klagelieder 3,23).

Nicht einmal die Untersuchung der sechzig Stellen über die Treue Gottes könnte diesem Thema Genüge tun, handelt doch die gesamte Bibel davon. Gottes Treue scheint auf fast jeder Seite in irgendeiner Form durch. Es ist unmöglich, von den Taten Gottes zu sprechen, ohne seine Treue an seinen Kindern zu erwähnen.

Wollen wir ein gottgleiches Wesen erwerben, muß Treue einen wichtigen Platz in unserem Prioritätensystem einnehmen. Von Natur fällt sie uns nicht leicht, wie Salomos Klage aussagt: „Die meisten Menschen rufen ihre eigene Frömmigkeit aus; aber einen zuverlässigen Mann, wer findet ihn?" (Sprüche 20,6). Viele Menschen halten sich für treu und zuverlässig, doch wenige sind es. Die Tugend der Treue hat ihren Preis, und nur wenige sind bereit, diesen Preis zu bezahlen. Für den Gottseligen aber ist sie ein absolutes Muß, koste es, was es wolle.

Was ist nun Treue? Wie können wir Treue einüben und wann gilt es treu zu sein? Der biblische Begriff bedeutet etwas Festes und Verläßliches. In einem Wörterbuch wird *treu* als „verläßlich in der Einhaltung von Versprechen und in der Ausführung von Pflichten" definiert.[1] Oft ist Treue gleichbedeutend mit Verläßlichkeit, Zuverlässigkeit, Beständigkeit, Vertrauenswürdigkeit und Loyalität. Zugleich umfaßt Treue absolute Ehrlichkeit und Aufrichtigkeit.

Ein treuer Mensch ist zuverlässig, vertrauenswürdig und beständig, man kann sich in jeder Beziehung auf ihn verlassen, er ist in allen Angelegenheiten vollkommen ehrlich und moralisch aufrecht. Gegen den obersten Minister Daniel „suchten die Minister und die Satrapen einen Anklagegrund

... wegen seiner Amtsgeschäfte. Aber sie konnten keinerlei Anklagegrund und nichts Schlechtes finden, weil er treu war und keinerlei Nachlässigkeit oder Schlechtes bei ihm zu finden waren" (Daniel 6,5).

Die Wörter *Nachlässigkeit* und *Schlechtes* helfen uns zu verstehen, was Treue im Alltag bedeutet. *Nachlässigkeit* steht im Gegensatz zu Gewissenhaftigkeit, Sorgfalt und Genauigkeit; das Gegenteil von *Schlechtigkeit* ist hier wohl Ehrlichkeit und Aufrichtigkeit.

Absolute Ehrlichkeit

An Daniel fand sich nichts Schlechtes. Er war ehrlich, aufrichtig und grundsatztreu. Absolute Ehrlichkeit in Reden und Tun muß einen treuen Menschen kennzeichnen. In der Schrift heißt es: „Ein Greuel für den HERRN sind Lippen, die lügen; wer aber Treue übt, hat sein Wohlgefallen"; und: „Trügerische Waagschalen sind dem HERRN ein Greuel, aber volles Gewicht hat sein Wohlgefallen" (Sprüche 12,22 und 11,1). Der Herr haßt Lüge und verabscheut unehrliche Geschäftspraktiken. Wir sind nicht nur aufgerufen, nicht zu lügen. Es gilt ferner, jeden Betrug zu meiden (3. Mose 19,11).

Lügen kann man definieren als „jede Vorspiegelung falscher Tatsachen in Worten, Taten und Einstellungen, oder in Schweigen; in absichtlichen Übertreibungen, Verzerrungen der Wahrheit oder im Herbeiführen eines falschen Eindrucks."[2] Wir lügen und betrügen, sobald wir vortäuschen, etwas zu sein, was wir nicht sind; sobald wir bei einer Prüfung schwindeln oder private Telefongespräche auf Firmenkosten führen. Jerry White, den ich persönlich gut kenne, schreibt von einem inneren Kampf darüber, was er einem Interessenten über seinen Gebrauchtwagen sagen sollte und was nicht.[3] Die Frage der Ehrlichkeit durchzieht unser gesamtes Leben.

Am Weihnachtstag läutete es. Als ich öffnete, stand die vierjährige Nachbarstochter mit einem Teller Gebäck vor der Tür. „Meine Mami schenkt Ihnen diese Kekse", sagte sie mit einem süßen Lachen. Ich bedankte mich und stellte die Kekse irgendwo ab, wo ich sie prompt vergaß, da wir gerade in den

Gottesdienst mußten. Ein paar Tage später wollte ich gerade mein Auto besteigen, als die Kleine auf ihrem Dreirad anradelte. „Herr Bridges, wie haben die Kekse geschmeckt?", wollte sie wissen. „Ach, sie waren herrlich", gab ich zurück, obwohl ich sie nicht einmal gekostet hatte.

Als ich losfuhr, ließ mich diese kleine Szene nicht los. Ich hatte gelogen; keine Frage. Warum bloß? Weil ich mir selbst eine peinliche Situation und der Kleinen eine große Enttäuschung ersparen wollte (großteils ging es mir freilich um mich selbst, nicht um sie). Es war eine Notlüge ohne jede Folgen. Trotzdem war es eine Lüge und Gott haßt Lüge ohne jeden Abstrich.

Mit der Zeit dämmerte mir, wie oft ich in ähnliche Situationen gekommen war. Der Heilige Geist erinnerte mich an weitere scheinbar harmlose „Notlügen", Übertreibungen und ganz unauffällige Verfälschungen von Tatsachen. Ich mußte zugeben, doch nicht so ehrlich zu sein, wie ich mir einbildete. Aus diesem Teller Gebäck konnte ich eine wertvolle, wenn auch demütigende, Lehre ziehen.

Als ich die Keksgeschichte in mehreren Vorträgen erwähnte, stieß ich von etlichen Seiten auf Widerspruch. Manche ernsthafte Christen hielten das für Haarspalterei. Sie betrachteten meine Forderung nach absoluter Ehrlichkeit als über das Ziel geschossen. Wirklich? Was sagt die Bibel dazu? Denken wir noch einmal an Daniel. Seine Gegner konnten nichts Schlechtes an ihm finden. Diese Beamten hätten in ihrer Eifersucht und bitterbösen Feindschaft gegen Daniel jede Unregelmäßigkeit aufgedeckt, so unscheinbar sie auch gewesen wäre, um Daniel vor König Darius in ein schlechtes Licht zu rücken. Sie fanden aber nichts! Daniel war wie Elia ein gewöhnlicher Mensch (Jakobus 5,17), er war aber offenbar absolut aufrichtig. Das muß unbedingt unser Ziel sein.

Denken wir an den Herrn Jesus. Eines Tages fragte er seine Gegner: „Wer von euch überführt mich einer Sünde?" (Johannes 8,46). Hätte Jesus nur ein einziges Mal die Wahrheit auch bloß geringfügig verzerrt, hätte er diese Frage nicht mit so großer Zuversicht stellen können. Wir alle sollen sein wie Jesus, absolut ehrlich. Wie hätte Jesus gehandelt, wenn ihm ein kleines Mädchen eine peinliche Frage über einen Teller Kekse gestellt hätte? Ich weiß es nicht. Eines aber weiß ich: Er hätte nicht gelogen. Darum hätte auch ich nicht lügen sollen.

Warum gehe ich hier so weitschweifig auf absolute Ehrlichkeit bei den Alltagskleinigkeiten ein? Weil Ehrlichkeit hier beginnt. Wer in den kleinen Dingen ehrlich ist, wird auch in den großen und wichtigen Dingen ehrlich bleiben. Wer bei den Keksen des Lebens ehrlich ist, wird es auch in geschäftlichen Dingen, Prüfungen und sportlichen Ereignissen sein. Wie Jesus sagt: „Wer im Geringsten treu ist, ist auch in vielem treu, und wer im Geringsten ungerecht ist, ist auch in vielem ungerecht" (Lukas 16,10).

Unsere Zeit hat eine Neubesinnung auf Ehrlichkeit in geschäftlichen und gesellschaftlichen Dingen bitter nötig. Vor kurzem las ich einen Artikel in einem Wirtschaftsmagazin, in dem einige führende Manager zitiert wurden, welche Unehrlichkeit als unbedingte Voraussetzung für geschäftlichen Erfolg betrachteten. Dieselbe Einstellung finden wir wahrscheinlich in der Politik, im Sport und in jedem anderen gesellschaftlichen Bereich. Das soll uns Christen herausfordern, Salz in einer faulenden Umwelt zu sein und dazu ist absolute, vorbildliche, Ehrlichkeit nötig.

Völlige Verläßlichkeit

Daniel war weder nachlässig noch schlecht: Er war verläßlich und vertrauenswürdig. Man konnte auf ihn zählen. Er war pünktlich zur Stelle, hielt seine Zusagen ein, war nicht wortbrüchig und achtete stets darauf, wie sein Tun andere betreffen könnte.

Kaum etwas ist so zermürbend, wie sich auf eine unzuverlässige Person verlassen zu müssen. Salomo sagt: „Wie Essig für die Zähne und Rauch für die Augen, so ist der Faule für die, die ihn senden" (Sprüche 10,26). Obzwar hier vom „Faulen" die Rede ist, ist es seine Unverläßlichkeit, die so unangenehme Folgen hat. Faulheit wird an einem

Menschen erst zum Problem, wo ich mich auf ihn verlassen muß. Dann freilich wird die Sache kritisch.

Unsere Gesellschaft hat nicht nur eine Rückkehr zur Ehrlichkeit bitter nötig, sondern auch zur Verläßlichkeit. Verläßlichkeit gerät nach und nach ins Hintertreffen gegen Bequemlichkeit und Lustprinzip. „Wenn es leicht geht", das ist die Haltung unserer Zeit. John Sanderson beobachtet sehr scharfsinnig:

> Bei genauem Nachdenken entpuppt sich „Unzuverlässigkeit" bald als „Ungehorsam", denn wer Gott ungehorsam ist, hat sich vom einzigen echten Halt des Lebens losgelöst und treibt mit den wechselnden Winden der Umstände und Unlustgefühle hin und her ... Wer nicht von Gott beherrscht ist, hat keinen echten Grund, sein Wort zu halten und seine Pflichten zu erfüllen.[4]

Wer sich in der Gottseligkeit übt, für den ist Verläßlichkeit ein unbedingtes Muß, nicht nur vor Mitmenschen, sondern primär vor Gott. Zuverlässigkeit ist keine gesellschaftliche Pflicht; sie ist ein geistliches Muß. Für Gott ist unsere Treue noch wichtiger als für denjenigen, der sich in einer bestimmten Sache auf uns verlassen muß.

In Psalm 15 stellt David die Frage: „HERR, wer darf in deinem Zelt weilen? Wer darf wohnen auf deinem heiligen Berg?" Dann folgt eine Liste sittlicher Maßstäbe, die ein Mensch erfüllen muß, um Gemeinschaft mit Gott haben zu können. Dazu gehört: „der, hat er zum Schaden geschworen, es nicht ändert." Gott will Verläßlichkeit auch dort, wo es wehtut. Das unterscheidet geistliche Treue von der gewöhnlichen Verläßlichkeit der weltlichen Gesellschaft.

Das junge Mädchen hat versprochen, eines Abends auf das Kind eines Nachbarn aufzupassen. Da ruft der junge Mann an und lädt sie für denselben Abend ins Kino ein. Was soll sie tun? Sagt sie dem Nachbarn einfach ab oder läßt ihn im Stich? Ist sie geistlich gesinnt, wird sie sogar dann noch ihre Zusage einhalten. Oder sie sucht jemanden, der sie beim Babysitten vertreten könnte? Jedenfalls fühlt sie sich vor Gott verantwortlich, ihr Versprechen einzuhalten und ihrer Verpflichtung nachzukommen.

Damit junge Mädchen nicht die einzigen sind, die der Versuchung der Unzuverlässigkeit erliegen könnten, hier ein anderes Beispiel: Ein Geschäftsmann hat eine Abmachung geschlossen, die sehr zu seinen Ungunsten ist, wie sich erst später herausstellt. Was tun? Ein Ungläubiger würde wohl mit seinem Rechtsanwalt Kontakt aufnehmen, um eine Vertragslücke zu finden, durch die er aussteigen kann. Leider handeln viele Christen in diesem Sinne. Nicht der geistgeleitete Geschäftsmann! Natürlich kann er einen Ausweg aus seinem Dilemma suchen, der für den Vertragspartner annehmbar ist. Er wird sein Wort allerdings nicht zurücknehmen, nur weil dies rechtlich möglich wäre. Er wird selbst dann Wort halten, wenn es schmerzt.

Zwischen den beiden Extremen einer lästigen Verpflichtung zum Babysitten und einer finanziell ruinösen Geschäftsabmachung liegen zahlreiche Fälle, in denen wir unzuträgliche Verpflichtungen auf uns nehmen. Dann brauchen wir in besonderem Maße die Gnade Gottes, um Treue zu üben, eine Frucht des Geistes.

Unbeugsame Loyalität

Treue bedeutet nicht nur Ehrlichkeit und Verläßlichkeit, sondern auch Loyalität oder Beständigkeit. Diese bezieht sich vor allem auf die Beziehung zu Freunden und bedeutet „Zusammenhalten durch Dick und Dünn." Am besten charakterisiert Salomo diese Beständigkeit: „Ein Freund liebt zu jeder Zeit, und als Bruder für die Not wird er geboren" (Sprüche 17,17).

So etwas wie einen „Freund für schöne Tage" gibt es nicht. Wer nicht in Zeiten der Not treu und beständig ist, ist kein wahrer Freund. Er mißbraucht den anderen nur für die eigenen sozialen Bedürfnisse.

Jonatan, der Sohn König Sauls, bietet wohl das beste biblische Beispiel für Beständigkeit. Seine loyale Freundschaft mit David kostete ihn fast das Leben, anhand seines eigenen Vaters. Erstaunlicherweise wußte Jonatan um die Berufung Davids zum König Israels, was ihn somit um seine Thronfolge brachte! Ob bei Ehrlichkeit, Verläßlichkeit oder Beständigkeit, Treue kennt ihren Preis. Nur der Heilige Geist kann uns befähigen, diesen Preis auf uns zu nehmen.

Es gibt jedoch auch eine falsche Beständigkeit, die „blinde Loyalität." Sie streitet die Fehler und Schwächen des Freundes ab und tut ihm damit keinen guten Dienst. In den Sprüchen heißt es: „Treu gemeint sind die Schläge dessen, der liebt, aber überreichlich die Küsse des Hassers" (27,6). Nur ein wirklich treuer Freund liebt mich genug, um die oft undankbare Aufgabe der Zurechtweisung auf sich zu nehmen. Niemand von uns hört gerne von seinen Fehlern, Sünden oder Schwächen, darum machen wir es unseren Freunden nicht leicht, sie uns vorzuhalten. Meist sagen wir einander lieber nette Dinge, statt zur Wahrheit zu stehen. Das ist nicht wahre Loyalität. Loyalität steht treu zur Wahrheit, sagt die Wahrheit aber in Liebe. Loyalität sagt: „Ich liebe dich so sehr, daß ich deine fehlerhafte oder sündige Einstellung nicht länger mit ansehen kann, weil sie letztlich dir selbst schadet."

Dem Maßstab Gottes entsprechen

Wie bei den anderen Tugenden eines geistlichen Charakters müssen wir als ersten Schritt den biblischen Maßstab feststellen. Treue bedeutet absolute Ehrlichkeit, völlige Verläßlichkeit und unbeugsame Loyalität. Unser Vorbild ist Daniel: an ihm fand sich keine Nachlässigkeit und nichts Schlechtes. Eignen wir uns Überzeugungen an, die mit diesem göttlichen Maßstab in Einklang stehen. Lernen wir dann einen oder mehrere Verse über Treue auswendig, entweder aus den Zitaten in diesem Kapitel oder aus anderen verfügbaren Quellen.

Zweitens müssen wir unser Leben mit der Hilfe des Heiligen Geistes und vielleicht unter Beiziehung eines Ehepartners oder guten Freundes bewerten. Streben wir nach kompromißloser Ehrlichkeit? Können sich andere auf uns verlassen, selbst wo es schmerzt? Halten wir zu einem, in Not geratenen, Freund und weisen wir ihn in Liebe zurecht, falls er vom rechten Weg abkommt? Geben wir uns nicht mit Allgemeinplätzen zufrieden. Versuchen wir uns an konkrete Ereignisse zu erinnern, die unsere Treue bestätigen oder ein Manko aufzeigen.

Finden wir ein solches Manko an Treue, bestürmen wir Gott um die Hilfe des Heiligen Geistes und setzen konkrete Wachstumsschritte. Das Wirken des Geistes und mein eigenes Wirken müssen Hand in Hand gehen. Niemand kann durch bloßen Vorsatz treu werden. Dazu ist Gottes Hilfe nötig. Jesus sagt zur Gemeinde in Smyrna: „Sei treu bis zum Tod" (Offenbarung 2,10). Hier müssen wir selbst aktiv werden, obwohl zugleich der Geist seine Frucht wachsen läßt.

Bedenken wir den Lohn der Treue. Im Gleichnis von den Talenten erwidert der Herr: „Recht so, du guter und treuer Knecht! Über weniges warst du treu, über vieles werde ich dich setzen; geh ein in die Freude deines Herrn" (Matthäus 25,21). Hier geht es um Treue Gott gegenüber, nicht um Treue voreinander, wie wir sie in diesem Kapitel behandelten. Doch Treue vor Gott *umfaßt* auch die Treue voreinander. Das geht aus allen Stellen hervor, die wir betrachtet haben. Gott fordert Treue in unseren irdischen Beziehungen. Nur wer die Tugend der Treue anderen gegenüber sucht, wird das Lob des Herrn vernehmen: „Recht so, du guter und treuer Knecht!"

Anmerkungen

1. *Webster's New Collegiate Dictionary* (Springfield, Mass.: G. & C. Merriam 1974)

2. Zit. nach: *Character of the Christian: Book four of the Studies in Christian Living*, 1. Aufl. (Colorado Springs: NavPress 1964), S. 26

3. Jerry White: *Honesty, Morality & Conscience* (Colorado Springs: NavPress 1978), S. 53. Dieses Buch empfehle ich allen, die sich näher mit dem Thema Ehrlichkeit auseinandersetzen wollen.

4. Sanderson: *The Fruit of the Spirit*, S. 117

13

Frieden

Wenn möglich, so viel an euch ist,
lebt mit allen Menschen in Frieden.
Römer 12,18

Ungezählte Dollarmillionen werden jedes Jahr für die Jagd nach dem Frieden ausgegeben. Tausende Menschen suchen in Beratungsstellen Frieden für sich selbst und ihre Familien. Diplomaten verhandeln in zähen Gesprächen um den internationalen Frieden. In unseren Gerichten werden Überstunden geleistet, um mit dem Zusammenbruch des Friedens in der Gesellschaft fertigzuwerden.

Von diesen Wirren einer sündigen Welt sind wir Christen nicht verschont geblieben. Auch wir erleben den Kummer friedloser Umstände und den Schmerz zerbrochener Beziehungen.

Dennoch soll der gottselige Christ von Frieden gekennzeichnet sein, vor allem weil er eine göttliche Eigenschaft ist: An mehreren Stellen des Neuen Testaments wird Gott als ein Gott des Friedens dargestellt. Er selbst tat den ersten Schritt, um mit der rebellischen Menschheit Frieden zu schließen. Er ist der Urheber des inneren und zwischenmenschlichen Friedens. Zweitens sollen wir friedvoll sein, weil Gott uns seinen Frieden verheißen hat, weil er uns Frieden befohlen hat und weil Frieden eine Frucht des Geistes und somit ein Beweis für sein Wirken an uns ist.

Ein genaues Schriftstudium ergibt einen dreifachen Frieden:

- Frieden mit Gott
- Frieden mit uns selbst
- Frieden mit anderen

Diese drei Bereiche lassen sich nicht voneinander trennen; sie sind Ausdrucksformen ein und desselben Friedens - des Friedens, den Gott schenkt und der eine Frucht des Geistes ist. Diese drei Aspekte ergänzen und bestärken einander und bilden zusammen eine Charaktereigenschaft. Jeder Aspekt trägt auf besondere Art und Weise zum friedvollen Charakter eines Menschen bei.

Frieden mit Gott

Die Grundlage unseres Friedens mit Gott liegt in der Rechtfertigung aus dem Glauben an Jesus Christus. Die Schrift sagt: „Da wir nun gerechtfertigt worden sind aus Glauben, so haben wir Frieden mit Gott durch unseren Herrn Jesus Christus" (Römer 5,1). Hier beginnt echter Frieden. Weder inneren Frieden noch Frieden mit anderen Menschen können wir erlangen, bevor wir mit Gott im Reinen sind.

Vor unserer Neugeburt waren wir in Sünde geboren, wodurch unsere Beziehung zu Gott von Entfremdung und Feindschaft gezeichnet war (Kolosser 1,21). Wir standen unter seinem Zorn, im Zustand des Aufruhrs gegen ihn. Vielleicht verliehen unsere frömmlerische Umwelt oder unsere besonderen Lebensumstände uns ein falsches Gefühl des Friedens, in Wahrheit jedoch waren wir „wie das aufgewühlte Meer, das nicht ruhig sein kann und Kot und Schlamm aufwühlt", denn Gott sagt: „Kein Friede den Gottlosen" (Jesaja 57,20-21).

Als wir aber durch den Glauben an Jesus Christus in eine persönliche Beziehung zu Gott eintraten, wurde alles anders. Gott ist nicht mehr gegen uns, sondern für uns. Statt uns dem Widerspiel des Zufalls zu überlassen, verheißt er, in allem zu unserem Besten zu wirken (Römer 8,28). Nach Sprüche 16 wird er sogar Frieden schaffen zwischen uns und unseren Feinden.

Darum ist der Frieden mit Gott die Grundlage für den Frieden mit uns selbst und mit anderen. Diese Grundlage garantiert natürlich keinen automatischen Frieden. In der Abhängigkeit vom Heiligen Geist suchen wir inneren und äußeren Frieden, die Frucht des Friedens wirkt er, nicht wir.

Innerer Frieden

Obwohl wir als Christen Frieden *mit* Gott haben, gibt es eine Anzahl von „Unruhestiftern", die uns davon abhalten, den Frieden *von* Gott zu erleben. Oft sind es ganz kleine Dinge, die uns beunruhigen. Die großen Katastrophen des Lebens zwingen uns zumeist, aus ganzem Herzen den Herrn zu suchen, wo wir seine Gnade und seinen Frieden erleben. Die alltäglichen Störfälle dagegen rauben uns den Frieden, weil wir gern selbst mit ihnen fertigwürden. Wir sorgen und quälen uns und hetzen uns ab, wir steigern uns in Neid oder Groll gegen andere, die anscheinend einen Platz an der Sonne ergattert haben oder uns in irgendeiner Weise übel mitspielen.

Als Jesus in der Nacht seines Verrats seine Rede an die Jünger beendete, schloß er mit den Worten: „Dies habe ich zu euch geredet, damit ihr in mir Frieden habt. In der Welt habt ihr Drangsal; aber seid guten Mutes, ich habe die Welt überwunden" (Johannes 16,33). Diese Zusicherung Jesu enthält zwei Tatsachen.

Erstens werden wir in dieser Welt Drangsal erleben. Dieselben Umstände, die uns die Freude nehmen, rauben uns auch den Frieden. Der gemeinsame Nenner dieser Umstände ist Ungewißheit. Einer unserer Lieben wird krank und die Diagnose ist unbestimmt. Auf einer Urlaubsfahrt hat unser Auto eine Panne. Wird das Geld für die Reparatur und die zusätzlichen Übernachtungen reichen? Werden wir rechtzeitig am Bestimmungsort eintreffen? Oder wir vergessen bei einer Bahnfahrt das Gepäck im Zug. Werden wir es jemals wiedersehen? Was sollen wir tun, damit wir es zurückerhalten? Diese und viele andere Umstände beweisen, wie recht Jesus hatte, als er uns Drangsal versprach.

Doch ebenso recht hatte Jesus mit der folgenden Zusicherung. Er hat die Welt überwunden. In Epheser 1,22 lesen wir: „Und alles hat er seinen Füßen unterworfen und ihn als Haupt über alles der Gemeinde gegeben." Jesus wurde *zugunsten* der Gemeinde zum Haupt über alles gesetzt. Er herrscht über das gesamte Universum und diese Herrschaft übt er zu unseren Gunsten aus. Nach Matthäus 10,29-31 fällt nicht einmal ein Sperling ohne unseren Vater auf die Erde. Sogar die Haare unseres Hauptes sind gezählt. Nichts ist zu klein oder unscheinbar, um der Aufmerksamkeit des Vaters zu entgehen, und nun übt Jesus in seiner himmlischen Herrlichkeit diese wachsame Fürsorge zu unseren Gunsten aus.

Warum sorgen wir uns dann noch? Weil wir nicht glauben. Wir sind nicht restlos von der Macht Jesu überzeugt, der nicht nur einen Sperling bewahrt, sondern auch weiß, wo unser verlorenes Gepäck ist oder wie wir die Autoreparatur bezahlen können und rechtzeitig am Bestimmungsort eintreffen werden. Oder wir anerkennen zwar seine *Macht* zur Lösung unserer Probleme, bezweifeln aber seinen *Willen* dazu. Wir lassen den Teufel die Saat des Zweifels über Gottes Liebe und Fürsorge in unser Herz streuen.

Zwei Schriftstellen sind besonders geeignet, um Frieden bei Gott zu finden. Die erste ist Philipper 4,6-7: „Seid um nichts besorgt, sondern laßt in allem durch Gebet und Flehen mit Danksagung eure Anliegen vor Gott kundwerden; und der Friede Gottes, der allen Verstand übersteigt, wird eure Herzen und eure Gedanken bewahren in Christus Jesus." Das Gegenmittel für Sorge ist das vertrauensvolle Gebet zu Gott. Wir sollen um *alles* beten. Nichts ist zu schwer für ihn, und nichts ist zu klein, um seiner Aufmerksamkeit zu entgehen.

Zugleich sollen wir mit Danksagung zu Gott kommen. Wir sollen ihm für seine vergangene Treue danken, bekanntlich ist die Erinnerung an vergangene Gnadenerweise ein starker Anreiz für den Glauben. Wir sollen ihm für seine Herrschaft über jedes Detail unseres Lebens danken, nichts wird uns begegnen, was er nicht gutgeheißen hat. Wir sollen ihm danken für seine unendliche Weisheit, durch die er in allen Dingen zu unserem Besten wirkt, seine Liebe heißt nichts gut, was nicht zu unserem Besten beiträgt. Schließlich können wir ihm danken, weil er keine Versuchung zuläßt, die wir nicht ertragen können (1. Korinther 10,13). Eine „Versuchung" kann dabei eine Verführung zum Bösen oder eine Glaubensprüfung bedeuten; dieser Ausdruck umfaßt beide Nuancen.

Wer im Gebet mit Danksagung vor Gott tritt, dem ist nicht die Errettung aus seiner Not, sondern der Friede Gottes verheißen. Oft finden wir diesen Frieden nur deshalb nicht, weil wir uns mit nichts Geringerem als der Errettung *aus* der Not abfinden wollen. Aber Gott verheißt uns durch Paulus einen Frieden, der allen Verstand übersteigt. Er ist völlig unerklärlich und, so Paulus, er wird unsere Herzen und Gedanken vor der Sorge bewahren, zu der Sie und ich so sehr neigen.

Nun werden Sie wahrscheinlich denken: „Das klingt ja alles schön und gut, und verstandesmäßig weiß ich das auch. Aber sobald ich in Schwierigkeiten bin, erlebe ich diesen Frieden einfach nicht. Irgendetwas ist hier faul."

In diesem Dilemma schlage ich zwei Schritte vor: Erstens, überprüfen Sie Ihre Motive, vielleicht suchen Sie Errettung statt Frieden. Was erwarten Sie sich von Gott? Zweitens, erhoffen Sie den Frieden vom Heiligen Geist. Frieden ist eine Frucht des Geistes. Er selbst senkt den Frieden in unser Herz. Unsere Aufgabe besteht darin, im Gebet zu ihm zu kommen und um Frieden zu bitten, er wird ihn geben.

Ich bin im Zweifel, ob es einen Christen gibt, der stärker zu Sorgen und Angst neigt als ich. Ich kann mich mit jedem identifizieren, der sich Sorgen macht. Ich weiß sehr gut, Frieden können wir nur durch die Kraft des Heiligen Geistes erleben. Gott verheißt uns diesen Frieden und wir dürfen uns nicht damit abfinden, ihn nicht zu besitzen. Wir müssen solange im Gebet verharren, bis wir ihn haben.

Außer Philipper 4,6-7 gibt es eine zweite Schriftstelle, die uns im Kampf gegen die Sorge hilft, nämlich 1. Petrus 5,7-9: „indem ihr alle eure Sorge auf ihn werft; denn er ist besorgt für euch." Im nächsten Vers ermahnt uns Petrus, auf den Teufel achtzuhaben, der umhergeht und sucht, wen er verschlingen kann. Der Teufel „verschlingt" uns auf vielerlei

Weise, vor allem aber liegt sein Geheimnis in seinem Namen: Das griechische Wort bedeutet „Ankläger" oder „Verleumder." Als Fürst der Verleumder klagt er den Menschen vor Gott an, verleumdet aber auch Gott vor den Menschen. Wie oft denken wir in Notsituationen: „Hätte mich Gott wirklich lieb, würde er das nie zulassen" oder: „Hätte Gott mich lieb, würde er mir einen Ausweg zeigen."

Diese Gedanken stammen vom Teufel. Wer das nicht anerkennt, begeht einen schwerwiegenden Fehler. Denn erstens wird er annehmen, sie kämen aus dem eigenen Herzen, wodurch Schuldgefühle wegen gottloser Gedanken die Sorgen noch verstärken. Die Kombination von Schuld und Angst ist eine ungeheure Belastung. Zweitens wird er den falschen Gegner bekämpfen. Statt dem Teufel zu widerstehen, wird er gegen sein eigenes böses Herz vorgehen. Das müssen wir zwar ohnehin oft genug, hier aber liegt das Problem ganz anders: Die Ursache liegt nicht in unserem Herzen, sondern beim Satan selbst. Hier verfügen wir über ein klares Gebot, an das eine Verheißung geknüpft ist: „Widersteht dem Teufel, und er wird vor euch fliehen" (Jakobus 4,7).

Das ist die biblische Lösung für mangelnden inneren Frieden: Unsere Sorgen in dankbarem Gebet vor Gott zu bringen und dem Satan zu widerstehen, wo er Gott vor uns verleumdet. Erst der erlebte Friede *von* Gott befähigt uns zum dritten Aspekt des Friedens: Frieden mit anderen. Innerer Zwiespalt und Aufruhr führt oft zum Konflikt mit anderen, darum müssen wir inneren Frieden finden, um auch Frieden mit anderen zu gewinnen.

Frieden mit anderen

Als Paulus unter den neun „Früchten des Geistes" den Frieden erwähnte, hatte er in erster Linie Frieden mit den Mitmenschen im Sinn. Die Galater hatte er zuvor schon davor gewarnt, einander zu „beißen und zu fressen" (Galater 5,15). Unter den Werken des sündigen Fleisches finden wir erschreckende, dem Frieden im Wege stehende Eigenschaften: Hader, Eifersucht, Zornesausbrüche, Selbstsucht, Zwistigkeiten, Parteiungen und Neid. Als sich Paulus dann daran machte, die geistgewirkten Charakterzüge aufzuzählen, stand der Frieden zwangsläufig an bedeutender Stelle.

Welche Bedeutung dem Frieden zukommt, geht aus zahlreichen neutestamentlichen Zitaten klar hervor. Hier eine Auswahl:

Glückselig die Friedensstifter. (Matthäus 5,9)

Wenn möglich, so viel an euch ist, lebt mit allen Menschen in Frieden. (Römer 12,18)

So laßt uns nun dem nachstreben, was des Friedens ist. (Römer 14,19)

Und der Friede des Christus regiere in euren Herzen, zu dem ihr auch berufen worden seid in einem Leib, und seid dankbar. (Kolosser 3,15)

Jagt dem Frieden mit allen nach. (Hebräer 12,14)

„Denn wer das Leben lieben und gute Tage sehen will . . . suche Frieden und jage ihm nach." (1. Petrus 3,10-11)

Dreimal mahnen uns diese Bibelstellen zum Frieden, ihm sogar „nachzustreben" oder „nachzujagen." Dasselbe griechische Wort steht auch für „verfolgen", im Sinne eines intensiven Bemühens, jemanden gefangenzunehmen. Positiv gesehen, dürfen wir nichts unversucht lassen, nicht einmal davor zurückschrecken, uns selbst zu demütigen, um das Ziel, den Frieden mit unseren Mitmenschen, zu erreichen.

Die Jagd nach Frieden ist nicht mit einem unterwürfigen Frieden um jeden Preis zu verwechseln! Sie kapituliert nicht vor dem Unrecht, nur um den Schein zu wahren. Ein derartiges Verhalten führt zwangsläufig in den inneren Zwiespalt. Konflikte, die diesen Frieden stören, sind mutig, aber liebevoll, zu beseitigen. Es sei eindeutig gesagt: Wir haben es mit einer Jagd nach dem Frieden und nicht mit einer Flucht vor Unstimmigkeiten zu tun!

Betrachten wir jetzt einige praktische, biblische Schritte, um Konflikte mit anderen Gläubigen zu lösen:

Erstens: *Wir sind Glieder eines Leibes.* Paulus sagt: „Denn wie der Leib einer ist und viele Glieder hat, alle Glieder des Leibes aber, obgleich viele, ein Leib sind: so auch der Christus" (1. Korinther 12,12). Weiter unten im selben Kapitel bezeichnet Paulus den Zweck dieser Ordnung: „damit keine Spaltung im Leib sei, sondern die Glieder dieselbe Sorge füreinander hätten" (Vers 25). Die Glieder eines Leibes können unmöglich untereinander Krieg führen. Würde diese Wahrheit beherzigt, gäbe es unter Gläubigen bestimmt weniger Zwietracht und Uneinigkeit.

Noch stärkere Worte wählt Paulus in Römer 12,5: „einzeln aber (sind wir) Glieder voneinander." Das heißt, wir sind nicht nur Glieder desselben Leibes, sondern Glieder *voneinander.* Der Gläubige, mit dem ich nur schwer in Frieden leben kann, ist ein Glied von mir und ich von ihm. Was für ein Schlag ins Gesicht der Einheit des Leibes ist doch Zwietracht unter Gläubigen.

Zweitens: Wir sind nicht nur Glieder eines Leibes, sondern viel mehr: *Es ist der Leib Christi, dessen Glieder wir sind.* Es ist *seine* Ehre und die Ehre *seiner* Gemeinde, die in unseren Beziehungen zueinander auf dem Spiel steht. Nur wenige Dinge tun der Sache Christi größere Unehre als zerstrittene Christen. Während wir Mitglieder unserer Gemeinden wegen Ehebruchs ausschließen, dulden wir Uneinigkeit zwischen uns und anderen Gläubigen. Wir verschließen uns dem biblischen Befehl, dem Frieden nachzujagen.

Drittens: *Die Ursache der Zwietracht liegt oft ganz oder teilweise bei uns selbst.* Demütig müssen wir unsere eigene Mitschuld akzeptieren, anstatt stets den anderen zu beschuldigen. Einmal wurde ich Zeuge eines Streits, in dem jeder der Beteiligten die Schuld dem anderen zuschob. Keiner akzeptierte nicht einmal eine gewisse Mitschuld. Ach, geben wir doch jede falsche Einstellung, jede Fehlhandlung, jedes unpassende Wort zu!

Zuletzt *müssen wir den ersten Schritt zur Wiederherstellung des Friedens tun.* Für Jesus macht es keinen Unterschied, ob ich einem Bruder oder ein Bruder mir Unrecht getan hat. In jedem Fall bin *ich* verantwortlich, die

Initiative zu ergreifen (siehe Matthäus 5,23-24 und 18,15). Sind wir ernsthaft am Frieden interessiert, ist es nicht wesentlich, wer Unrecht getan hat. Unser Ziel ist es: Wir wollen den gottgewollten Frieden wiederherstellen. Ungelöste Konflikte zwischen Gläubigen sind Sünde und müssen als solche behandelt werden; sonst breiten sie sich wie ein Geschwür im ganzen Leib aus und lassen sich nur noch durch eine radikale geistliche Operation entfernen. Viel besser ist es, Konflikte im Keim zu ersticken.

Selbst dem friedvollsten Menschen mag es nicht immer gelingen, Einigkeit herzustellen. Für solche Fälle läßt die Bibel Raum (Römer 12,18), aber das gilt nur, nachdem wir alle Möglichkeiten ausgeschöpft haben.

Matthäus 5 und 18 fordern uns auf, zum „Bruder" zu gehen. Bei Ungläubigen liegt die Sache anders. Mit ihnen gehören wir nicht zum selben Leib. Unserem Gegenüber fehlt das Wirken des zum Frieden befähigenden Heiligen Geistes. Wie sollen wir uns da verhalten?

Erstens: *Haben wir einem Ungläubigen Unrecht getan, ist es unsere Verantwortung, den Frieden wiederherzustellen.* Dies mag demütigender sein, als zu einem Gläubigen zu gehen, von dem wir viel eher Verständnis und Vergebung erwarten dürfen. Aber wir müssen auch zu dieser Demütigung bereit sein, wollen wir ein christliches Zeugnis aufrecht halten.

Und wenn ein Ungläubiger uns Unrecht tut? Uns verbindet keine gemeinsame Lebenshaltung. Es ist keine verlorene Gemeinschaft wiederherzustellen. Der Heilige Geist kann nicht auf beiden Seiten wirken. Hier erfüllen oft Rachegedanken unser Herz, vielleicht nicht im Handeln, jedoch zumindest im Denken.

Die Antwort finden wir meines Erachtens in Römer 12,17-21. Zuerst werden wir in dieser Stelle aufgefordert, *alles in unserer Macht Stehende zu tun, um Frieden zu bewahren.*

Zweitens müssen wir *jeden Rachegedanken weit von uns schieben.* Wir dürfen nicht Böses mit Bösem vergelten. Hingegen dürfen wir die Frage der Gerechtigkeit Gott anvertrauen. Ist uns Unrecht geschehen oder meinen wir, einem Unrecht zum Opfer gefallen zu sein, steigen in uns meist Gedanken auf, wie dies bestraft werden könnte. Wir schmieden zwar nicht wirklich Rachepläne, in Gedanken allerdings üben wir bereits Vergeltung. Diese Haltung steht in klarem Gegensatz zur Schrift. Nach Vers 19 ist Vergeltung ausschließliches Vorrecht Gottes; sein Gericht allein entspricht immer der Wahrheit. Er allein kennt alle Tatsachen und alle dahinterstehenden Motive.

Sobald wir die Gerechtigkeit Gott anvertrauen, haben wir die Zusicherung, er sorgt für unser Recht. Gott ist ein Gott des Rechts und der Gerechtigkeit. Kein Unrecht an uns kann seiner Aufmerksamkeit entgehen. Obwohl wir uns seiner Vergeltung nicht immer bewußt sein mögen, ist sie uns verheißen.

Unser Anliegen soll nicht im Verlangen nach Rache bestehen, sei es nun Gottes Rache oder unsere eigene. Gott hat verheißen, für unser Recht zu sorgen, nicht um unserem Gerechtigkeitssinn Rechnung zu tragen, sondern um uns dieser Sorge zu entheben. Gott sagt: „Kümmere dich überhaupt nicht um die Frage der Gerechtigkeit. Das kannst du mir überlassen. Deine Aufgabe liegt auf ganz anderem Gebiet: den sündigenden Ungläubigen für mich zu gewinnen." Das können wir zumindest versuchen, indem wir Böses mit Gutem vergelten. Wie immer wir die Wendung „feurige Kohlen auf jemandes Haupt sammeln" verstehen mögen (Vers 20), der Grundgedanke dürfte darin liegen, ihn zum Glauben zu gewinnen.

Weil Frieden eine Frucht des Geistes ist, sind wir von seinem Wirken an uns abhängig, um das Verlangen und die Mittel zur Jagd nach dem Frieden in die Hand zu bekommen. Wir sind allerdings dafür verantwortlich, die verfügbaren Mittel zu nützen und alle praktischen Schritte zu unternehmen, um sowohl inneren als auch äußeren Frieden zu erhalten.

Lernen Sie Schriftverse wie Philipper 4,6-7; 1. Petrus 5,7; Römer 12,18 oder andere hilfreiche Stellen auswendig. Denken Sie darüber nach und bitten Sie den Heiligen Geist, diese Verse in Ihr Gedächtnis zu rufen, sobald Sie deren Trost nötig haben. Alle Arbeit an der Gottseligkeit erfordert geistliches Üben, Nachdenken über Gottes Wort und seine Anwendung unter der Anleitung unseres Lehrers, des Heiligen Geistes.

14

Geduld

Zieht nun an als Auserwählte Gottes,
als Heilige und Geliebte: ... Langmut.
Ertragt einander und vergebt euch gegenseitig,
wenn einer Klage gegen den anderen hat.
Kolosser 3,12-13

Der Charakter des Christen ist wie ein Kleid, das aus vielen Fäden mit den verschiedensten Farben gewirkt ist. Aus der Ferne sieht das Kleid einfarbig aus, bei näherem Hinsehen entpuppt es sich aber als ein Zusammenspiel prächtiger Farben, die gemeinsam ein Muster ergeben. Der beiläufige Beobachter macht sich keine Gedanken über das exakt gewirkte Farbgefüge; er bemerkt und bewundert nur den Gesamteindruck. Der Weber aber muß den Verlauf jedes einzelnen Fadens bedenken, damit die richtigen Schattierungen und Farben das richtige Muster hervorbringen.

Manche Charakterzüge des gottseligen Menschen fügen sich ganz ähnlich aneinander wie die Fäden eines Kleides oder die Farben eines Regenbogens. Geduld zum Beispiel wirkt sich in unserem Leben fast gleich aus wie Freude und Frieden. Was wir heute unter *Geduld* verstehen, umfaßt mehrere neutestamentliche Ausdrücke, die gemeinsam gesehen, ein gottseliges Verhalten in verschiedenen Situationen beschreiben. Diese Ausdrücke decken sich nicht völlig, ergeben aber gemeinsam eine Charaktereigenschaft.

Der geduldige Christ muß in allen Umständen gottgewirkte Geduld ausleben. Wie der Gestalter und Weber eines kunstvollen Gewandes die einzelnen Fäden gesondert berechnet, hat auch der Christ, der in der Geduld wachsen will, jeder dieser Eigenschaften gesonderte Aufmerksamkeit zukommen zu lassen.

Unrecht erdulden

Ein Aspekt der Geduld betrifft das Standhalten bei Unrecht. Die biblische Reaktion auf von anderen Menschen zugefügtes Leid nennt die Elberfelder Übersetzung etwas altertümlich *Langmut*, eigentlich ein recht treffender Ausdruck. Der Geduldige ist fähig, erlittenes Unrecht lange Zeit auszuhalten, ohne dabei Groll oder Bitterkeit zu verspüren. Das müssen wir wohl alle lernen, aber keine Angst: Dazu ergeben sich im Alltag die vielfältigsten Gelegenheiten. Denken wir zum Beispiel an Hintergehungen oder scheinbar harmlose Streiche. Oder an Spott, Verachtung, Beleidigung und unverdiente Zurechtweisung. Unmittelbare Verfolgung zählt natürlich auch dazu. Selbst als Opfer rücksichtsloser amtlicher Vorgangsweisen oder Geschäftspraktiken hat der Christ mit Langmut zu reagieren. Und vergessen wir nicht den gläubigen Ehepartner, der vom ungläubigen Mann oder der ungläubigen Frau abgelehnt oder mißhandelt wird. Hat er diese Art der Geduld nicht besonders bitter nötig?

Der Apostel Paulus legt auf die Notwendigkeit der Langmut im Leben des geistlichen Christen besonderes Gewicht. Im ersten Korintherbrief spricht er davon, als er die Eigenschaften der Liebe beschreibt. Langmut ist eine der neun im Galaterbrief aufgezählten „Früchte des Geistes". Nach dem Epheserbrief gehört zu einem gottgefälligen Leben unbedingt Langmut. An die Kolosser richtet Paulus eine Liste geistlicher Charakterzüge, die sie „anziehen" sollen. Auch den Thessalonichern schreibt er von Langmut, während er den Korinthern und seinem Mitarbeiter Timotheus empfiehlt, gerade diesbezüglich seine Nachahmer zu werden.

Wie können wir nach erlittenem Unrecht in der Langmut wachsen? Zuerst müssen wir die *Gerechtigkeit* Gottes anerkennen. Petrus wendet sich besonders an Sklaven, die unter der ungerechten Behandlung durch ihre Herren zu leiden hatten. Er legt ihnen das Vorbild Christi ans Herz, „der, geschmäht, nicht wieder schmähte, leidend, nicht drohte, sondern sich dem übergab, der gerecht richtet" (1. Petrus 2,23). Das Gegenteil der Vergeltung liegt im totalen Vertrauen zu Gottes Gerechtigkeit. Diese ist absolut und wie Paulus uns in Römer 12,19 vor Augen hält, Gott „will vergelten."

Der leidende Christ, der Langmut noch nicht gelernt hat, stößt sich vor allem an Gottes Gerechtigkeit, die so ganz anders als unser menschliches Gerechtigkeitsempfinden ist. Er befürchtet, der Urheber des Unrechts könnte der verdienten Strafe entkommen. Der geduldige Christ jedoch übergibt Gott „den Fall" und vertraut auf einen gerechten Ausgang, sollte dieser auch bis zur Wiederkunft Jesu auf sich warten lassen (2. Thessalonicher 1,6-7). Statt eine Gelegenheit zur Rache herbeizusehnen und abzuwarten, betet er um Gottes Vergebung für seine Peiniger, ganz nach dem Beispiel Jesu und des Märtyrers Stephanus.

Geduld in Mißhandlungen durch andere Menschen setzt das volle Vertrauen zu Gottes *Treue* voraus, die zu unserem Besten wirksam ist. Petrus schreibt: „Daher sollen auch die, welche nach dem Willen Gottes leiden, einem treuen Schöpfer ihre Seelen anbefehlen im Gutestun" (1. Petrus 4,19). Wir können uns der Gerechtigkeit Gottes anvertrauen und seiner Treue anbefehlen. Gott handelt nicht nur gerecht (und, so beten wir, gnädig) an unseren Peinigern, sondern auch treu an uns.

Joseph ist ein gutes Beispiel für das Vertrauen zur Treue Gottes. Obwohl seine Brüder ihm schweres Unrecht getan hatten, konnte er zu ihnen sagen: „Ihr zwar, ihr hattet Böses gegen mich beabsichtigt; Gott aber hatte beabsichtigt, es zum Guten zu wenden, damit er tue, wie es an diesem Tag ist, ein großes Volk am Leben zu erhalten" (1. Mose 50,20). Es steht in Gottes Macht und Absicht, das an uns geschehene, willentliche Unrecht zum Guten für uns und unsere Mitmenschen zu wenden. Geduld aufzubringen, um erlittenes Unrecht zu ertragen, setzt das volle Vertrauen zur Weisheit,

Macht und Treue Gottes voraus, damit wir unsere Umstände bewußt in seine Hand legen können.

Standhalten unter Provokation

Unter Langmut ist auch die Reaktion des reifen Christen auf Provokationen durch andere zu verstehen. Mit *Provokationen* meine ich hier jene Handlungen, die uns von Natur aus wütend und zornig machen, bei denen unser Temperament mit uns durchgeht. Während wir bei erlittenem Unrecht in der Regel über keine Handhabe verfügen, sind wir bei Provokationen sehr wohl in der Lage, etwas zu unternehmen. Ein Beispiel dafür wäre die Mißachtung unserer Autorität als Vater oder Mutter, Lehrer und Vorgesetzter oder bewußte Verspottung und Witzelei. Provokationen sind meist beabsichtigt und versehen uns mit der Möglichkeit, rasch und durchgreifend gegen sie vorzugehen.

Wer bei Provokationen Geduld übt, tritt damit in Gottes eigene Fußspuren. In 2. Mose 34,6-7 beschreibt Gott sich selbst als „langsam zum Zorn . . . der Schuld, Vergehen und Sünde vergibt." Tag für Tag erträgt Gott mit großer Geduld die Provokationen einer sündigen und rebellischen Menschheit, die seine Autorität verlacht und mißachtet und seine Gesetze bricht. Denselben Menschen tritt Paulus mit der Frage entgegen: „Oder verachtest du den Reichtum seiner Gütigkeit und Geduld und Langmut?" (Römer 2,4). Nicht nur Gottes Autorität ist Gegenstand der Verachtung, auch seine Geduld. Dennoch erweist Gott den *Reichtum* seiner Geduld an allen, die ihn nicht verdient haben.

Der Schlüssel zur Geduld bei Provokationen ist die Nachahmung Gottes selbst, der „langsam zum Zorn" ist. Jakobus befiehlt uns, „langsam zum Zorn" zu sein (Jakobus 1,19). Eine Eigenschaft der Liebe ist es nach Paulus, sich „nicht erbittern zu lassen" (1. Korinther 13,5).

Am besten lernen wir diese Langmut, indem wir uns Gottes Geduld uns gegenüber vor Augen halten. Das Gleichnis vom unbarmherzigen Knecht (Matthäus 18,21-35) will uns dabei helfen, unseren Mitmenschen gegenüber nachsichtig zu sein, weil Gott so viel Geduld mit uns hat. Der unbarmherzige Knecht war bei seinem König um einen Millionenbetrag verschuldet. Dieser König ist Gott, während wir alle tief verschuldete Knechte sind. Dem Knecht jedenfalls wird seine Riesenschuld erlassen. Kurz darauf trifft er einen Mitknecht, der ihm einen lächerlichen Betrag schuldig ist. Voll Ungeduld besteht er auf Bezahlung und läßt den anderen sogar ins Gefängnis werfen.

Wem unter Provokation der Geduldsfaden reißt, der ist wie der unbarmherzige Knecht. Wie leicht übersehen wir Gottes außerordentliche Geduld mit uns. Wir züchtigen unsere Kinder im Zorn, während Gott uns aus Liebe züchtigt. Wir greifen hart durch gegen jeden, der uns provoziert, während Gott darauf bedacht ist, zu vergeben. Wir wollen unsere Autorität zur Geltung bringen, während Gott seine Liebe ausüben will.

Diese Art Geduld ignoriert die Provokationen anderer nicht einfach; sie reagiert in Weisheit und Langmut. Wir sollen in solchen Situationen die Ruhe bewahren und versuchen, die Beziehung zu heilen statt die Probleme noch zu verschärfen. Wir sollen zum Besten unseres Gegenübers beitragen statt unsere verletzten Gefühle an jemandem auszutoben.

Wer zum Jähzorn neigt, muß ganz besonders an der Geduld bei Provokationen arbeiten. Statt sich selbst zu rechtfertigen, nach dem Motto: „So bin ich nun einmal", muß er seinen Jähzorn als Sünde vor Gott anerkennen. Er muß konzentriert über Verse wie 2. Mose 34,6; 1. Korinther 13,5 und Jakobus 1,19 nachdenken und ernsthaft darum beten, vom Heiligen Geist verändert zu werden. Unbedingt soll er sich *jedesmal*, wenn ihm sein Geduldsfaden reißt, bei den Opfern seines Jähzorns entschuldigen. Auf diese Weise gelangt er leichter zu Demut und einem Empfinden der eigenen Sündhaftigkeit vor Gott. So oft er auch versagt, er darf niemals aufgeben!!! Jähzorn ist keine bloße Temperamentsache, sondern eine sündige Angewohnheit. Und Gewohnheiten sind nur schwer und unter oftmaligem Versagen zu brechen. Aber in Sprüche 24,16 lesen wir: „Denn siebenmal fällt der Gerechte und steht doch wieder auf."

Fehler erdulden

Am nötigsten brauchen wir Geduld, um die Fehler und Mängel unserer Mitmenschen zu erdulden oder um bei erlittenem Unrecht und bei Provokationen nicht aus der Fassung zu geraten. Meist kämpfen wir hierbei gegen Verhaltensweisen, die an sich nicht böse sind, uns aber trotzdem erzürnen oder enttäuschen. Wie ist das zu verstehen? Der Autofahrer vor uns fährt zu langsam, ein Freund verspätet sich an einem Treffpunkt, der Nachbar redet zu laut mit seinen Besuchern. Oft sind es auch die unbewußten Handlungen der eigenen Familienmitglieder, die durch den engen Kontakt so störend sind. Diese „Engelsgeduld" brauchen wir wohl gerade am häufigsten innerhalb der Familie oder Gemeinde.

Durch die Schwächen unserer Mitmenschen ausgelöste Ungeduld wurzelt meistens im Stolz. John Sanderson schreibt dazu: „Kaum ein Tag vergeht, an dem man nicht abfällige Bemerkungen über die Dummheit, Ungehobeltheit und das Ungeschick anderer hört."[1] Solche Bemerkungen resultieren aus dem Gefühl, wir wären klüger oder geschickter als die anderen. Das mag manchmal sogar zutreffen, jedoch haben wir unsere Begabungen nach 1. Korinther 4,7 unmittelbar von Gott empfangen. Aus diesem Grunde steht uns keine Überlegenheit zu.

Das Wort „ertragen" (gemäß Epheser 4,2 und Kolosser 3,13) drückt die Geduld im Umgang mit den Schwächen und Fehlern unserer Mitmenschen am besten aus. Die Negativreaktion dazu wäre, die Fehler der anderen grollend zu „schlucken", nur ist das klarerweise keine biblische Gesinnung. „Ertragen" bedeutet hier vielmehr das *gottgeschenkte* Erdulden von Schwächen. Heute würden wir wohl am ehesten von *Toleranz* reden.

Duldsamkeit und Toleranz haben mit Liebe zu tun, mit der Einheit der Gläubigen und der Vergebung Christi. In Epheser 4,2-3 sagt Paulus: „(Wandelt) mit aller Demut und Sanftmut, mit Langmut, *einander in Liebe ertragend.* Befleißigt euch, die Einheit des Geistes zu bewahren durch das Band des Friedens." Petrus schreibt: „Die Liebe bedeckt eine Menge von Sünden" (1. Petrus 4,8); Liebe hilft uns also, die Schwächen anderer zu erdulden.

Ich erinnere mich an einen Fall, als ein Freund schlicht und einfach eine Abmachung vergaß. Anstatt eingeschnappt zu reagieren, schüttelte ich sein Versagen ab. Als ich später darüber nachdachte, weshalb mir das so klaglos gelang, kam ich darauf, wie tief ich meinen Freund liebte und schätzte. Nur deshalb konnte ich folgendes Liebesprinzip praktizieren: „Die Liebe bedeckt eine Menge von Sünden."

Paulus ermahnt uns, einander zu ertragen, um die „Einheit des Geistes" zu wahren, die Einheit in der Gemeinde, die der Geist ermöglicht. Wir sollen uns *befleißigen*, diese Einheit aufrechtzuerhalten. Sie ist viel wichtiger als all die kleinen Reizbarkeiten und Enttäuschungen. Hierbei hilft uns wieder Römer 12,5: Wir sind Glieder voneinander. Falls mir bei einem Bruder der Geduldsfaden zu reißen droht, versuche ich ihn als ein Glied meiner selbst und mich als ein Glied von ihm zu betrachten, um die in mir aufkommende Gereiztheit im Keim zu ersticken.

In Kolosser 3,13 setzt Paulus Duldsamkeit und Vergebung gleich: „Ertragt einander und vergebt euch gegenseitig, wenn einer Klage gegen den anderen hat." Das klingt eher nach kleineren Beschwerden des Alltags als nach schwerwiegenden Problemen. Lassen wir uns durch solche Unannehmlichkeiten nicht erzürnen, sondern sie vielmehr als Gelegenheit zur Vergebung nützen.

Wir sollen vergeben, wie der Herr uns vergeben hat, das macht uns Jesus im Gleichnis vom unbarmherzigen Schuldner klar. Wesentlich an diesem Gleichnis ist der Gegensatz zwischen den beiden Schulden: mehrere Millionen Dollar gegen eine Summe von einigen wenigen Dollar. Auch der Zeitpunkt der beiden Unterredungen ist wichtig: Dem unbarmherzigen Knecht waren soeben alle Schulden erlassen worden, als er von seinem eigenen Schuldner gnadenlos die Abzahlung des Betrages forderte.

Wie gut kennzeichnet uns dieses Gleichnis! Tag für Tag erträgt uns Gott geduldig und Tag für Tag verlieren wir die

Geduld mit unseren Freunden, Nachbarn und Lieben. Dabei wiegen unsere Fehler und Versagen vor Gott ungleich schwerer als die Verstöße anderer Menschen gegen uns. Gott ruft uns auf, die Schwächen unserer „Umwelt" großmütig zu ertragen, sie zu tolerieren und zu vergeben, so zu vergeben, wie er uns vergeben hat.

Diese schriftgemäße Duldsamkeit verbietet es freilich nicht, Fehler zu korrigieren oder jemanden wegen einer lästigen Angewohnheit zur Rede zu stellen. Jesus gibt uns auch klare Anweisungen, wie so etwas geschehen sollte, indem wir uns nämlich nicht bemühen, den Splitter aus dem Auge des Bruders zu ziehen, bevor wir den Balken aus dem eigenen Auge entfernt haben. Der Balken im eigenen Auge kann eine falsche Einstellung zu diesem Bruder symbolisieren, zum Beispiel Groll, Stolz, Kritikgeist oder Verachtung. Wie unsere falsche Einstellung auch beschaffen sein mag, sie ist zuerst zu beseitigen, damit unsere Zurechtweisung und Korrektur nicht aus dem Geist der Ungeduld erfolgt, sondern aus Liebe und Sorge um das Wohl des Bruders.

Warten auf Gott

Weiters müssen wir Gottes Zeitplan in unserem Leben geduldig abwarten. Vielleicht beten wir schon seit vielen Jahren um die Bekehrung eines unserer Lieben, die Lösung eines langwierigen Problems oder die Erfüllung eines langgehegten Wunsches. Abrahams lange Wartezeit auf seinen Sohn Isaak ist das klassische biblische Beispiel für Geduld im Warten auf Gottes Zeit. Wie Abraham erliegen wir oft der Versuchung, selbst nachzuhelfen oder uns mit einer zweitbesten Lösung zu begnügen, wie es Sara und Abraham bei Ismael taten. Das Ergebnis war Trauer statt Erfüllung.

Auch Saul konnte nicht auf Gottes Zeit warten, es kostete ihm den Thron. Sowohl Abraham als auch Saul wurden ungeduldig, weil sie nicht an die Treue Gottes glaubten und nicht auf ihn warteten. Der gnädige Gott gab Abraham eine weitere Chance, wodurch er zum Vater aller Gläubigen wurde.

Im Gegensatz zu Saul wartete David geduldig, bis der Herr seine Pläne mit ihm zur Vollendung brachte. Er widerstand der Versuchung, die Dinge in die eigene Hand zu nehmen, und sagte:

Beharrlich habe ich auf den HERRN geharrt,
und er hat sich zu mir geneigt und mein Schreien gehört.
Er hat mich heraufgeholt aus der Grube des Verderbens,
aus Schlick und Schlamm;
und er hat meine Füße auf Felsen gestellt,
meine Schritte fest gemacht. (Psalm 40,2-3)

Als Vorbild für dieses Warten stellt uns Jakobus die Geduld des Bauern hin, der auf seine Ernte wartet, das Vorbild der Propheten, die die Erfüllung der meisten ihrer Vorhersagen nicht erlebten, und schließlich das Vorbild Hiobs, der schließlich erlebte, wie der Herr seine Leiden beendete. Wir alle warten natürlich auf die Wiederkunft des Herrn. Mit dem Apostel Johannes rufen wir aus tiefstem Herzen: „Komm, Herr Jesus" (Offenbarung 22,20).

Wem es schwer fällt, auf Gottes Zeit zu warten, kann sich an seinen Verheißungen aufrichten, seinem Willen gehorchen und alles weitere ihm überlassen. So oft verlieren wir nach jahrelangem Warten den Mut und geben auf. Ich erinnere mich an einen bestimmten Wunsch, dessen Erfüllung ich mir sehr bald erhoffte. Aber die Jahre vergingen und vergingen, schließlich gab ich auf. Im siebenten Jahr jedoch erhörte Gott mein Gebet! Erst kürzlich erlebte ich wieder eine derartige Gebetserhörung. Nach jahrelangem Bitten hatte ich fast das Gefühl, diese Erhörung wäre zu schön, um wahr zu sein. Ein weiteres gottgeschenktes Verlangen mußte ich etwa dreizehn Jahre lang vor den Herrn bringen, bis er mich erhörte. Dann aber schenkte er überreich.

Trotz dieser langersehnten Gebetserhörungen kämpfe ich immer noch gegen meine Ungeduld mit Gottes Zeitplan. Oft will ich aufgeben oder auf Eigenwegen stolzieren. Ich muß mir die Mahnung im Hebräerbrief dringend zu Herzen nehmen: „damit ihr nicht träge werdet, sondern Nachahmer derer, die durch Glauben und Ausharren die Verheißungen erben" (6,12). Wem wie mir das geduldige Warten nicht leicht fällt, der möge diesen Vers auswendig lernen und in den kommenden Monaten darüber nachdenken.

Ausharren in Leid

Langmut ist Geduld gegenüber *Menschen*, die uns Unrecht tun oder provozieren, während „Ausharren" unsere Geduld in leidvollen *Umständen* bezeichnet. Der griechische Ausdruck bedeutet wörtlich „Darunterbleiben" und wird auch mit „Standhaftigkeit" oder „Ausdauer" übersetzt. Er bedeutet Durchhalten im Leid.

Die Quelle dazu mag im erlittenen Unrecht liegen, wie bei Joseph, der von seinen Brüdern als Sklave verkauft wurde, bei David unter der Verfolgung durch Saul oder bei Jesus, den die Juden verwarfen und kreuzigten. Doch Leid kann auch aus den Angriffen des Teufels stammen, wie bei Hiob. Selbst die züchtigende Hand Gottes in unserem Leben bewirkt Leid.

Worin die Ursache des Leids auch bestehen mag, Leid läßt sich einzig und allein im Wissen um Gottes souveräne Allmacht bewältigen und im Vertrauen zu seiner Liebe. In Römer 15,4 lesen wir: „Denn alles, was zuvor geschrieben ist, ist zu unserer Belehrung geschrieben, damit wir durch das Ausharren und durch die Ermunterung der Schriften Hoffnung haben." Die Berichte von Abraham, Jakob, Joseph, David und Hiob sind dazu gedacht, uns einen Einblick in Gottes Wirken zu geben und zu zeigen, wie er zu unserem Wohl und seiner Ehre wirkt. Ihr Vorbild soll uns dazu ermuntern, an Gottes Allmacht in allen Lebenslagen zu glauben. Mir hilft es ungemein zu erkennen, wie Hiob nie erfuhr, welche Ursache seine Glaubensprobe hatte. Uns heute wird ein Blick hinter die Kulissen gewährt, wo wir Zeugen des Kampfes zwischen Gott und dem Satan werden. Hiob erfuhr nie davon. Er wurde dahin gebracht, die Weisheit Gottes zu akzeptieren. Manchmal erfahren wir den Zweck unserer Glaubensproben nicht, aber die Schrift ermutigt uns und schenkt uns lebendige, durchtragende Hoffnung.

Die Begriffe Ausharren und Hoffnung kommen in der Schrift oft gemeinsam vor. In den vier Stellen des Römerbriefes, an denen Paulus von Ausharren spricht, ist jedesmal von der Hoffnung die Rede. Die Gläubigen in Thessalonich lobt Paulus wegen ihres Ausharrens in der Hoffnung. Und im Hebräerbrief lesen wir eine lange Abhandlung über das Ausharren, das eng mit der Hoffnung in Zusammenhang gebracht wird (v.a. Kapitel 10-12). Hebräer 11, das große Kapitel über den Glauben, ist Teil dieses ausführlichen Plädoyers für Ausharren und Geduld; es beginnt mit einer Definition des Glaubens als „Verwirklichung dessen, was man hofft, ein Überführtsein von Dingen, die man nicht sieht."

Diese Hoffnung ist natürlich auf unsere Verherrlichung mit Christus in der Ewigkeit gerichtet. Unser irdisches Leben ist nichts anderes als das Streben nach dieser Hoffnung. Der Autor des Hebräerbriefes vergleicht es mit einem Langstreckenrennen, zu dem wir viel Ausdauer brauchen. Das Christsein ist kein Sprint, der rasch durcheilt wird; es ist ein lebenslanger Langstreckenlauf.

Ausharren wird sehr oft mit Leid in Verbindung gebracht. Natürlich berührt uns das äußerst unangenehm, weil wir vor dem Leid zurückschrecken. Uns bleibt aber nichts anderes übrig, als diesen Lebensaspekt auch zu bewältigen. Ausdauer kann man nur unter Belastung erwerben, das gilt im körperlichen wie im geistlichen Bereich. Nach Römer 5 bewirkt Trübsal Ausharren. Jakobus zeigt, wie die Versuchung zur Bewährung des Glaubens führt, die wiederum Ausharren bewirkt. Wir alle sehnen uns nach Ausdauer, aber vor dem Weg zu ihr schrecken wir zurück. Gott ist treu genug, um Glaubensproben zuzulassen oder herbeizuführen, obwohl wir vor ihnen zurückschrecken.

Gott verwendet somit die Ermunterung der Schrift, die Hoffnung auf das ewige Heil und die Versuchungen, die er gestattet oder einleitet, um uns zum Ausharren zu führen. Er wirkt direkt an unserem Herzen. Nach Römer 15,5 kommen Ausharren und Ermunterung von Gott. Dazu verwendet Gott die Schrift, wie wir aus Vers 4 wissen, doch wirkt er auch direkt, indem er uns die Schrift lebendig macht und uns bei ihrer Anwendung hilft. Paulus betet für das Ausharren und die Geduld der Kolosser, wobei er auf Gottes direktes Wirken an ihrem Herzen zählt. Dieses Wirken Gottes am Herzen des Gläubigen ist für uns unerklärlich, aber das nimmt jedoch nichts von seiner Echtheit weg. Die Schrift bezeugt dieses direkte Wirken mit nicht zu überbietender Deutlichkeit (siehe z.B. Römer 8,26-27; 2. Korinther 1,3-4 und Epheser 3,16-19).

Die Frucht der Geduld in allen Bedeutungen, Langmut, gegenseitiges Ertragen und Ausharren, hat eng mit unserer Hingabe an Gott zu tun. Zwar erwachsen alle geistlichen Wesenszüge aus der Hingabe, doch gilt dies in besonderem Maße für die Geduld. Nur die Gottesfurcht befähigt uns dazu, uns einer Glaubensprobe zu unterwerfen. Nur im Wissen um seine Liebe in Christus finden wir den Mut, einer Versuchung standzuhalten. Jede Glaubensprobe verändert unsere Beziehung zu Gott - entweder positiv, indem sie uns in seine Arme treibt, oder negativ, indem sie uns von ihm entfernt. Unsere Gottesfurcht und unsere Erkenntnis seiner Liebe zu uns entscheidet, in welche Richtung wir uns bewegen.

Anmerkung

1. Sanderson: *The Fruit of the Spirit*, S. 90

15

Sanftmut

Die Frucht des Geistes aber ist: ...
Sanftmut.
Galater 5,22

So ziehet nun an als Auserwählte Gottes ...
Sanftmut.
Kolosser 3,12 (Luther)

Wir beten um Geduld, wir beten um Liebe, wir beten um Reinheit und Selbstbeherrschung. Alles gut und schön, aber wer von uns hat je um die Tugend der Sanftmut gebetet? Im Jahre 1839 schon schrieb George Bethune: „Keine Tugend wird weniger erbeten und weniger gepflegt als die Sanftmut. Sie wird meist auf natürliche Neigungen oder äußere Verhaltensweisen zurückgeführt statt auf eine christliche Tugend; nur selten erkennen wir mangelnde Sanftmut als Sünde."[1]

Diese Geringschätzung der Sanftmut dürfte sich in den eineinhalb Jahrhunderten seit der Niederschrift dieser Worte kaum verändert haben. Einmal fragte ich einen Mitarbeiter in meiner Gemeinde, ob er von jemandem wußte, der um Sanftmut betete oder sich besonders um sie bemühte. Er dachte einen Augenblick nach und verneinte. Nicht daß es unter uns Christen keine Sanftmut gäbe; vielleicht schätzen wir sie nur nicht so hoch ein wie Gott.

Sanftmut ist außerordentlich schwer zu definieren und wird oft mit Duldsamkeit verwechselt. Billy Graham bestimmt Sanftmut als „Milde im Umgang mit anderen . . . eine tiefe Achtung vor den Mitmenschen, die nicht rücksichtslos über ihre Rechte hinweggeht."[2] Sanftmut ist eine aktive Tugend und zeigt, wie wir mit anderen umgehen sollen. Duldsamkeit hingegen ist passiv und bezeichnet die rechte Reaktion auf ungerechte Behandlung.

Sanftmut ist so zu vergleichen, als ob wir eine wertvolle Kristallvase von einem Platz zum anderen tragen. Sie ist das Wissen um die Kostbarkeit und Verletzbarkeit des Menschen, der mit entsprechender Vorsicht behandelt werden muß.

Sowohl Sanftmut als auch Duldsamkeit sind Zeichen der Stärke, nicht der Schwäche. Es gibt auch eine verweiblichte Pseudo-Sanftmut und eine feige Pseudo-Duldsamkeit. Die Stärke wahrer Sanftmut wird besonders in Jesaja 40 deutlich, wo die Macht und Milde Gottes behandelt wird:

Siehe, der Herr, HERR, kommt mit Kraft ... (Vers 10)

Siehe, die Nationen gelten wie ein Tropfen am Eimer
    und wie Staub auf der Waagschale.
Siehe, Inseln hebt er hoch wie ein Stäubchen. (Vers 15)

Mit wem wollt ihr mich vergleichen,
    dem ich gleich wäre? spricht der Heilige.
Hebt zur Höhe eure Augen empor und seht:
    Wer hat diese da geschaffen?
Er, der ihr Heer hervortreten läßt nach der Zahl,
    ruft sie alle mit Namen:
Vor ihm, reich an Macht und stark an Kraft,
    fehlt kein einziger. (Vers 25-26)

Inmitten dieser Beschreibungen der Macht Gottes stehen die Worte:

Er wird seine Herde weiden wie ein Hirte,
    die Lämmer wird er in seinen Arm nehmen
und in seinem Gewandbausch tragen,
    die säugenden Muttertiere wird er fürsorglich leiten.
(Vers 11)

Wo die Unendlichkeit der Macht Gottes dargestellt wird, lesen wir von seiner Sanftmut. Welches klarere Bild der Sanftmut gibt es als einen Hirten, der ein Lamm in seinen Arm nimmt! Und diese Vorstellung verwendet der Heilige Geist zur Schilderung Gottes. Wir brauchen keine Angst zu haben, die Sanftmut des Geistes könne zu Charakterschwäche führen. Es erfordert Kraft, göttliche Kraft, wirklich sanftmütig zu sein.

Ein weiteres schönes Bild für Sanftmut bietet sich in Psalm 18,36: „Deine Herabneigung machte mich groß." Sanftmut ist Herabneigung, um jemandem zu helfen. Gott neigt sich beständig herab, um uns groß zu machen, und dasselbe will er von uns - eine tiefe Achtung vor den Rechten und Gefühlen anderer.

Die Sanftmut Christi

Paulus appelliert „durch die Sanftmut und Milde Christi" an die Korinther (2. Korinther 10,1). Worin besteht nach dem Neuen Testament die Sanftmut Christi?

Eine sehr bekannte Stelle im Matthäusevangelium bietet die Antowrt:

> Kommt her zu mir, alle ihr Mühseligen und Beladenen, und ich werde euch Ruhe geben. Nehmt auf euch mein Joch, und lernt von mir, denn ich bin sanftmütig und von Herzen demütig, und „ihr werdet Ruhe finden für eure Seelen" , denn mein Joch ist sanft, und meine Last ist leicht. (Matthäus 11,28-30)

Nach William Hendriksen gibt das syrische Neue Testament das Wort „sanftmütig" hier mit „ruhig" wieder; demnach sagte Jesus: „Kommt her zu mir, ... und ich werde euch *Ruhe* geben ... denn ich bin *ruhig* ... und ihr werdet *Ruhe* finden für eure Seelen."[3] Christi Tun war darauf ausgerichtet, Menschen in seiner Gegenwart ruhig zu machen. Das ist eine deutliche Auswirkung der Sanftmut. Ein wahrhaft sanftmütiger Christ läßt uns in seiner Nähe zur entspannenden Ruhe kommen.

Matthäus 12,20 gibt ein weiteres Bild der Sanftmut, mit der Christus uns entgegentritt: „Ein geknicktes Rohr wird er nicht zerbrechen, und einen glimmenden Docht wird er nicht auslöschen, bis er das Gericht hinausführe zum Sieg." Das geknickte Rohr und der glimmende Docht sind Menschen, die verletzt sind, geistlich schwach, mit Zweifeln übersät. Jesus begegnet ihnen sanftmütig. Er verurteilt sie nicht wegen ihrer Schwäche, er greift nicht mit „starker Hand" durch; nein, er begegnet ihnen sanftmütig, bis sie ihre wahre Not erkennen und sich seiner Hilfe öffnen. Wie herrlich zeigt die Begegnung mit der Samariterin diese Sanftmut Christi. Fest, trotzdem zart, redet Jesus zu ihr, bis sie ihre Not klar erkennt und sich Jesus öffnet, um Ruhe zu finden.

Als Paulus sich „durch die Sanftmut und Milde Christi" an die Korinther wendet, beruft er sich auf eben diese Sanftmut. Wir könnten diesen Satz auch umformulieren: „Wie Christus sich in meiner Lage verhalten würde, wende ich mich an euch. Ich stelle keine Forderungen; ich mache keine Vorwürfe; ich *ermahne* euch mit Sanftmut." Paulus hätte den Korinthern schwere Vorwürfe machen können, weil sie Lehrer zu sich eingelassen hatten, die seine apostolische Autorität infrage stellten. Er verzichtet aber darauf.

Paulus schrieb an die Philipper: „Diese Gesinnung sei in euch, die auch in Christus Jesus war" und meinte dabei die Demut Christi; wir können aber dieses Gebot getrost auf *alle* Eigenschaften Jesu erweitern. Wir sollen als seine Nachfolger seine Sanftmut ausleben.

Anderen in Sanftmut entgegentreten

Ein sanftmütiger Charakter setzt das ernsthafte Bemühen voraus, anderen in unserer Gegenwart Ruhe und Wohlbefinden zu schenken. Wir müssen uns bemühen, nicht voreingenommen und dogmatisch zu erscheinen, damit andere Menschen uns Vertrauen schenken. Seien wir aufgeschlossen für ihre Überzeugungen und Überlegungen. Stellen wir unsere Nachfolge Christi nicht dermaßen zur Schau, daß andere sich schuldig fühlen. Zerbrechen wir nicht das geknickte Rohr des leidenden Christen; verlöschen wir nicht den glimmenden Docht des unreifen Gläubigen.

Zweitens bedeutet Sanftmut die Achtung vor der Menschenwürde. Unterliegt jemand einem Irrtum, korrigieren wir diesen lieber durch Zureden und Freundlichkeit, als durch Überheblichkeit und Einschüchterung. Zwangsmaßnahmen und Drohungen haben bei einem Nachfolger Christi nichts verloren. (Vorbild dafür ist Paulus in seinem Aufruf an die Korinther)

Der Sanftmütige meidet harte Rede und kategorische Aussagen. Statt dessen versucht er in jedem Falle mit Einfühlsamkeit und Achtung zu antworten, bereit, allen Meinungen nachzugehen. Er nimmt sich nicht die Freiheit heraus „zu sagen, was ich denke, komme, was da wolle." Nein, sorgsam achtet er auf die Reaktion auf seine Worte und nimmt Rücksicht darauf, die Gefühle des Gegenübers nicht zu verletzen. Ist eine härtere Gangart leider nicht zu umgehen, verbindet er diese Wunden mit Worten des Trostes und der Ermutigung.

Der sanftmütige Christ läßt sich weder durch Widerstand einschüchtern, noch durch Gegner erbittern. Er lehrt in Milde und vertraut Gott die Lösung des Konflikts an, so wie es Paulus seinem Mitarbeiter Timotheus rät (2. Timotheus 2).

Schließlich spricht der sanftmütige Christ nicht verächtlich, schadenfroh oder schlecht von einem Bruder, der in Sünde fällt. Er trauert um ihn und betet für seine Umkehr. Ist es angebracht, den irrenden Bruder persönlich zurechtzuweisen, tut er dies mit Sanftmut, wie Paulus in Galater 6 empfiehlt, denn keiner von uns ist über die Versuchung erhaben.

Wer Gott durch ein sanftmütiges Wesen gehorchen will, wird aktiv nach Sanftmut streben, um sie „anzuziehen" (siehe Kolosser 3,12 und 1. Timotheus 6,11). Er wird dieser göttlichen Tugend einen Ehrenplatz unter den geistlichen Charakterzügen einräumen und Gott bitten, ihn durch den Heiligen Geist zu einem sanftmütigen Menschen umzugestalten.

Nachsicht im Umgang mit Menschen

Es gibt eine weitere wichtige christliche Tugend. Sie ist mit der Sanftmut eng verwandt, ich möchte sie hier mit *Nachsicht* bezeichnen, obwohl der betreffende griechische Ausdruck nur schwer durch ein deutsches Wort wiedergebbar ist. Die bekannteste Bibelstelle dafür ist Philipper 4,5: „Eure Milde soll allen Menschen bekannt werden." In der Elberfelder Übersetzung wird dieser Ausdruck wahlweise als „Geneigtheit", „gütig", „milde" übersetzt (siehe Apg 24,4; Philipper 4,5; 1. Timotheus 3,3; Titus 3,2 und Jakobus 3,17).

Nach William Hendriksen ist eine ganze Anzahl von Synonymen nötig, um dem vollen Bedeutungsumfang des Wortes gerecht zu werden: Gefügigkeit, Verständigkeit, Großherzigkeit, Umgänglichkeit, Nachsicht.[4] James Adamson verwendet in seinem Kommentar über Jakobus den Begriff *menschlich* im Sinne „eines Menschen, der fair, nachsichtig und großzügig mit anderen umgeht statt starr und unnachgiebig ... Sein Gegenteil ist die strikte Gerechtigkeit jener Richter, die auf den Buchstaben des Gesetzes pochen ... Auch Menschen, die vernünftig mit sich reden lassen, werden so bezeichnet."[5] Nach W. E. Vine ist Nachsicht „jene Eigenschaft, die uns dazu befähigt, vernünftig und ausgeglichen alle Tatsachen zu berücksichtigen statt auf dem Buchstaben des Gesetzes zu beharren."[6]

Die Pharisäer, starr und unnachgiebig in ihrem Festhalten an der Tradition, sind das genaue Gegenteil. Beständig fragten sie: „Ist das gesetzlich?" Leider fragten sie nie: „Ist das menschlich oder vernünftig?" Jesus hatte beständig mit den Pharisäern zu kämpfen, weil er nicht zögerte, von ihren starren Traditionen abzuweichen. Damit gab er sie der Lächerlichkeit preis.

Der nachsichtige Christ hört auf die Stimme der Vernunft, er ist gerecht und human. Statt sich auf sein Recht zu berufen, fragt er: „Welche Handlungsweise ist in dieser Situation angemessen?" Diese Denkweise hat nichts mit der humanistischen Philosophie zu tun, deren Wahlspruch lautet: „Was dir richtig scheint, das tu." Jenes Denken ist durch und durch egozentrisch und auf das Lustdenken ausgerichtet. Nachsicht hingegen konzentriert sich auf den Nächsten und fragt: „Was ist am besten für ihn?"

Die Ermahnung des Apostels Paulus in Philipper 4,5 zeigt uns die richtige Motivation für eine Haltung der Nachsicht: „Eure Milde (oder Nachsicht) soll allen Menschen bekannt werden; der Herr ist nahe." Man könnte sagen: „Der Herr begleitet mich und beobachtet meine Beziehungen zu Menschen. Bin ich in meinen Forderungen starr und unnachgiebig? Oder bin ich sanftmütig und nachsichtig, bringe ich Verständnis auf für die Probleme und Unsicherheiten anderer und gehe ich gebührend auf sie ein?" Wir sollen allen Menschen gegenüber nachsichtig sein, der Verkäuferin, dem Busfahrer, den Familienmitgliedern, Nichtchristen wie auch Christen.

Ich fürchte, wir Christen sind oft weniger human und nachsichtig als Nichtchristen. Wir halten uns für prinzipientreu, während wir in Wirklichkeit nur auf unserer Meinung beharren. Wie sehen uns andere? Erscheinen wir starr, unnachgiebig, als Prinzipienreiter oder machen wir den Eindruck umgänglicher, vernünftiger und nachsichtiger Menschen? Die Pharisäer zur Zeit Jesu hatten die Gebote Gottes mit ihren eigenen Traditionen einzementiert. Seien wir vorsichtig, nicht in dieselbe Falle zu gehen.

Nachsicht ist eines der Merkmale der Weisheit von oben (siehe Jakobus 3,17, „gütig"). Wollen wir vor Gott weise sein, müssen wir verständig und umgänglich werden.

Den Geist der Sanftmut erwerben

Ich fürchte, von allen Eigenschaften der Gottseligkeit in diesem Buch werden meine männlichen Leser mit Sanftmut am wenigsten anzufangen wissen. Aus irgendeinem Grund haben wir den Eindruck, Männlichkeit und Sanftmut würden sich miteinander nicht vertragen. Wir Männer wollen Sanftmut bei unseren Müttern und Frauen sehen, jedoch nicht bei uns selbst. Das Männlichkeitsbild der ungläubigen Welt hat auf uns abgefärbt. Der Apostel Paulus dagegen vergleicht seine eigene Zartheit mit der einer Mutter. Er schreibt den Thessalonichern: „Wir sind in eurer Mitte zart gewesen, wie eine stillende Mutter ihre Kinder pflegt." Einer meiner Freunde, ein früherer Soldat bei den amerikanischen „Marines", unterzeichnet seine Briefe oft mit: „Sei stark und zart", stark uns selbst gegenüber und zart mit anderen. So äußert sich der Geist der Sanftmut.

Was sollen wir konkret tun, um den Geist der Sanftmut zu erwerben? Zuerst müssen wir uns ernsthaft vornehmen, diese Eigenschaft auch tatsächlich erwerben zu wollen. Es gilt, im Umgang mit unseren Mitmenschen Milde und Nachsicht walten zu lassen, ohne ein starres System von „Schwarz-Weiß- Malerei". Fühlen sich die Menschen bei uns wirklich wohl?

Zweitens können wir uns an jene wenden, die uns am besten kennen und auch ehrlich genug sind, um uns zu sagen, welchen Eindruck wir auf unsere „Umwelt" machen. Sind wir dogmatisch und voreingenommen, unwirsch und stur? Versuchen wir andere einzuschüchtern oder durch die Kraft unserer Persönlichkeit in die Knie zu zwingen? Fühlen sich andere in unserer Gegenwart unwohl, weil sie den Eindruck haben, wir würden stillschweigend eine schwarze Liste ihrer Schwächen führen und wir wollten nur ihre Fehler korrigieren? Sollte das der Fall sein, demütigen wir uns in aufrichtiger Buße vor dem Herrn!

Indem wir uns eine allgemeine Not eingestehen, bitten wir den Heiligen Geist, uns konkrete Situationen aufzuzeigen, in denen wir Sanftmut und Nachsicht außeracht ließen. Es genügt nicht, eine allgemeine Not zu bekennen, ohne konkret an Situationen zu denken, in denen man nicht sanftmütig war. Wir brauchen treffende Beispiele unseres Versagens, erst dann werden wir motiviert sein eifrig genug um Sanftmut beten. Es empfielt sich auch hier, einen oder zwei Schriftverse zu diesem Thema auswendigzulernen. Überfliegen Sie dieses Kapitel nochmals und wählen Sie mindestens einen Bibelvers aus, über den Sie später nachdenken wollen. Setzen Sie diese Ihre Not dann auf Ihre Gebetsliste und bitten Sie Gott, in Ihrem Leben zu wirken, damit die Frucht der Sanftmut in Ihrem Leben sichtbar wird.

Anmerkungen

1. Bethune: *The Fruit of the Spirit*, S. 100

2. Billy Graham: *The Holy Spirit* (Waco, Texas: Word Books 1978), S. 205-206

3. William Hendriksen: *The Gospel of Matthew* (Grand Rapids, Mich.: Baker Book House 1973), S. 504

4. William Hendriksen: *Exposition of Philippians* (Grand Rapids, Mich.: Baker Book House 1962), S. 193

5. James Adamson: „The Epistle of James", in: *The New International Commentary on the New Testament* (Grand Rapids, Mich.: Eerdmans 1976), S. 155

6. W. E. Vine: *An Expository Dictionary of New Testament Words*, S. 474

16

Freundlichkeit und Güte

Laßt uns also nun,
wie wir Gelegenheit haben,
allen gegenüber das Gute wirken,
am meisten aber gegenüber
den Hausgenossen des Glaubens.
Galater 6,10

Freundlichkeit und Güte sind zu eng verwandt, um sie voneinander abzugrenzen. Vielmehr verdeutlichen sie die natürliche Herausbildung eines geistlichen Charakters.

Freundlichkeit ist das ehrliche Verlangen nach dem Wohlbefinden anderer; Güte fördert dieses Wohlbefinden. Freundlichkeit ist eine innere Haltung, die uns der Heilige Geist ins Herz legt und uns ein Gefühl für die Nöte anderer gibt, ob sie nun auf körperlichem, seelischem oder geistlichem Gebiet liegen. Güte ist ausgelebte Freundlichkeit in Worten und Taten. Wegen ihrer engen Zusammengehörigkeit unterscheiden wir diese beiden Begriffe oftmals gar nicht voneinander.

Für mich ist Freundlichkeit die bewußte Wahrnehmung meiner Mitmenschen und die Zuvorkommenheit, die wir ihnen fast automatisch erweisen. Das freundliche Lächeln an der Kasse, das Dankeschön im Restaurant, das ermutigende Wort an eine gebrechliche Person, die beiläufige

Anerkennung für ein kleines Kind. Lauter Dinge, die weder Zeit noch Geld kosten. Sie erfordern aber ein ehrliches Verlangen nach dem Wohlbefinden des Nächsten. Ohne Gottes Gnade kümmern wir uns in erster Linie nur um uns selbst, um unsere eigenen Problemchen, um unsere eigensüchtigen Pläne. Wer aber Wachstum in der Tugend der Freundlichkeit erleben möchte, denkt nicht nur an sich selbst und seine Interessen, sondern hat auch ein ehrliches Anliegen für das Glück und Wohlbefinden der anderen entwickelt.

Güte hingegen erfordert bewußte Taten, um anderen zu helfen. Zwar bedeutet das Wort *gut* in der Bibel alles, was aufrichtig, ehrbar und lobenswert, also moralisch gut, ist. Allerdings bezeichnet es auch Handlungen, die nicht nur an sich gut sind, sondern auch anderen zugute kommen.

Bethune beobachtet so treffend: „Die beste praktische Definition von Güte ist in einer Aussage über Jesus Christus selbst enthalten: 'Jesus von Nazareth, der umherging und wohltat' (Apg 10,38). Soweit wir in unserem Anliegen für das Wohlbefinden der Mitmenschen Jesus gleichen, besitzen wir die Tugend der Güte."[1] Wollen wir Christus gleichen? Dann müssen wir darauf bedacht sein, den Nöten unserer Mitmenschen zu begegnen.

Gottes grenzenlose Güte

Niemals dürfen wir das Ziel der Gottseligkeit aus den Augen verlieren, indem wir sowohl in der Hingabe an Gott zunehmen, als auch Christus ähnlicher werden. Das Neue Testament hat viel über Gottes Güte und Freundlichkeit zu sagen, erstmalig in Lukas 6: „(Gott) ist gütig gegen die Undankbaren und Bösen." Nach Römer 2,4 führt Gottes Güte die Sünder zur Buße. In Epheser 2,7 spricht Paulus im Zusammenhang mit unserer völligen Verlorenheit und Sünde vom überschwenglichen Reichtum der Gnade Gottes, die sich in Jesus Christus erweist. Einen ähnlichen Gegensatz finden wir in Titus 3: Nach der Klarstellung unserer Verlorenheit erklärt Paulus: „Als aber die Güte und die Menschenliebe unseres Heiland-Gottes erschien, errettete er uns ... Mehrmals betont die Bibel ausdrücklich den krassen

Unterschied zwischen Gottes Güte und der Verdorbenheit der Menschen.

Welche Lektion können wir aus diesen Bibelstellen über die Güte Gottes lernen? Er ist gütig zu allen, den Undankbaren, den Bösen, den Verlorenen und Hoffnungslosen und den Rebellen ohne jeden Unterschied. Wer Gott gleich werden will, muß ebenfalls zu allen Menschen gütig sein.

Von Natur aus neigen wir dazu, nur jenen Güte zu erweisen, mit denen wir etwas gemeinsam haben: Familienmitgliedern, Freunden, freundlichen Nachbarn. Gott aber ist selbst zu den verabscheuungswürdigsten Geschöpfen gütig, den Undankbaren und Bösen. Haben Sie je versucht, einem undankbaren Menschen Güte zu erweisen? Ohne besonderes Wirken der Gnade Gottes war Ihre Reaktion höchstwahrscheinlich: „Für diesen Menschen tue ich nie wieder etwas!" Gott aber wendet sich nicht von den Undankbaren ab. So befiehlt Jesus auch uns: „Doch liebt eure Feinde, und tut Gutes, und leiht, ohne etwas wieder zu erhoffen" (Lukas 6,35).

Diese Bereitschaft zur Güte brauchen wir, diese Aufgeschlossenheit anderen gegenüber und dieses Anliegen für ihr Wohlbefinden. Aufgeschlossenheit allein genügt jedoch nicht: Die Tugend der Güte treibt uns dazu, aktiv den Bedürftigen zu helfen.

Geschaffen zu guten Werken

Die meisten von uns kennen Epheser 2,8-9: Die Errettung ist aus Gnade durch Glauben, nicht durch Werke. Auch der nächste Vers ist nicht minder wichtig: „Denn wir sind sein Gebilde, in Christus Jesus geschaffen zu guten Werken, die Gott zuvor bereitet hat, damit wir in ihnen wandeln sollen." Eine beachtliche Aussage. Nicht nur sind wir in Christus Jesus geschaffen, von neuem geboren, um gute Werke zu tun. Wir sind geschaffen zu guten Werken, *die Gott im Vorhinein bereitet hat*. Bevor wir zu Christus kamen, sogar bevor wir geboren wurden (siehe Psalm 139,16), hat Gott konkrete gute Werke für uns vorgesehen.

Diese guten Werke hat Gott bereitet, „damit wir in ihnen *wandeln* sollen." Das Wort „wandeln" weist auf unser alltägliches Handeln hin, nicht einzelne heldenhafte Ereignisse. Irgendwie schaffen wir es zumeist, den großen Momenten des Lebens gerecht zu werden, Gott jedoch hat uns für gute Werke inmitten der Alltagseinförmigkeit geschaffen. Bethune zitiert einen früheren Autor des Inhalts: „Ein Großteil unseres Glücks hängt an den sogenannten Kleinigkeiten; nur selten ehrt Gott uns mit heroischen und auffälligen Wohltaten."[2]

Wie die meisten guten Werke beschaffen sind, zeigt Paulus besonders in 1. Timotheus 5,9-10 sehr eindrucksvoll. Eine Witwe durfte Unterstützung von der Gemeinde erhalten, wenn sie „ein Zeugnis in *guten Werken* hat, wenn sie Kinder auferzogen, wenn sie Fremde beherbergt, wenn sie der Heiligen Füße gewaschen, wenn sie Bedrängten Hilfe geleistet hat, wenn sie *jedem guten Werk* nachgegangen ist." Die guten Werke in dieser Liste sind allesamt nicht gerade heldenhaft oder augenfällig. Es handelt sich um einfache Gelegenheiten, im Alltag Gutes zu tun. Zwar bezieht sich diese Stelle speziell auf Frauen, das Grundprinzip ist trotzdem auch auf Männer anwendbar. Die meisten Gelegenheiten zu guten Werken ergeben sich im Alltagsleben. Unsere Aufgabe besteht darin, diese Gelegenheiten wahrzunehmen und sie nicht als unliebsame Unterbrechungen oder Störungen zu verwerfen. Sie ermöglichen uns, alle guten Werke, die Gott für uns vorgesehen hat, zu tun.

Gute Werke am Arbeitsplatz

Sehr häufig versorgt uns Gott im Berufsalltag mit reichhaltigen Gelegenheiten zu guten Werken. Diese stehen immer mit unseren Begabungen in Einklang. Streikt zum Beispiel mein Auto und ein Mechaniker repariert es, ist das in meinen Augen eine gute Tat. War sie Teil seiner göttlichen Berufung im Dienst an den Mitmenschen, ist sie, obwohl er dafür honoriert wurde, als gute Tat zu werten.

Die meisten ehrbaren Berufe sind auf bestimmte menschliche Bedürfnisse ausgerichtet. Gott hat die Welt wunderbar geordnet, damit Menschen mit unterschiedlichen Fähigkeiten den vielfachen Aufgaben gerecht werden. Darum dürfen wir unseren Beruf nicht als notwendiges Übel betrachten, um die Rechnungen bezahlen zu können, auch nicht als Gelegenheit, reich zu werden, sondern als wesentlichen Bestandteil des christlichen Wandels, in dem Gott gute Taten für uns vorgesehen hat. Die meisten von uns verbringen mindestens die Hälfte ihrer wachen Zeit am Arbeitsplatz. Wer dort keine Gelegenheit zu guten Werken findet, wirft aus Gottes Sicht sein halbes Leben weg. Sollte uns der Beruf nicht die Möglichkeit geben, menschlichen Bedürfnissen zu begegnen, sollten wir im Gebet über einen Arbeitsplatzwechsel nachdenken.

Dabei muß eines klar sein. Mir geht es um die *alltäglichen* Bedürfnisse der Menschen, zum Beispiel nach Nahrung, Kleidung, Transport, Bildung, Gesundheit . . . Ich spreche nicht dem Umstieg in den sogenannten vollzeitigen christlichen Dienst das Wort. Sollte Gott Sie dazu berufen haben, ist das eine wunderbare Sache. Dort ist aber nicht der einzige Bereich zu finden, Gott mit guten Werken zu dienen.

Überdenken Sie Ihre berufliche Situation! Sollten Sie sich noch in der Ausbildung befinden, überprüfen Sie die angestrebte Arbeit. Eignet sie sich dazu, Gottes Berufung gerecht zu werden? Erfüllt sie die Bedürfnisse der Menschen oder ist sie nur ein notwendiges Übel, um das Geld für den Lebensunterhalt zu verdienen? Wer in der Tugend der Güte wachsen will, muß die richtige Einstellung zu seinem Beruf mitbringen.

Viele Frauen arbeiten natürlich im Haushalt und werden sich nun fragen, ob diese Aussagen über das Berufsleben auf sie zutreffen. Ja, ihr Beruf ist eben im Haushalt und auf sie wartet ein reichhaltiges Betätigungsfeld für gute Werke. Es gibt kaum eine schwerere Arbeit, als einen Haushalt zu führen und Kinder zu erziehen. Geschirrabwaschen, Windelnwechseln, Wäschewaschen, Bügeln, Kochen und Putzen erscheinen oft bedeutungslos und verachtenswert. Kaum ein Beruf jedoch trägt mehr zum Wohlbefinden der Menschheit bei, als ein geistgeführtes Hausfrauendasein. Zudem bietet dieser Beruf mehr Gelegenheiten zu guten

Werken an Außenstehenden, wie Besuche bei Kranken und
Einsamen zu tätigen, Einladungen zum Essen auszusprechen,
Kinder zu hüten ... In 1. Timotheus 5,10 finden sich
zahlreiche Hinweise für Hausfrauen, die auch außerhalb ihrer
Familie gute Werke tun wollen.

Gute Werke zu Hause

In Galater 6,10 fordert uns Paulus auf, „allen gegenüber das
Gute zu wirken, am meisten aber gegenüber den
Hausgenossen des Glaubens." Unsere guten Werke sollen
allen zugute kommen, Christen wie Nichtchristen. Wir sollen
dem Vorbild unseres himmlischen Vaters folgen: „er läßt
seine Sonne aufgehen über Böse und Gute und läßt regnen
über Gerechte und Ungerechte" (Matthäus 5,45).

Dennoch enthält der Befehl des Apostels Paulus eine
Prioritätenfolge: Erst die Gläubigen, dann die Ungläubigen.
Ich vermeine aus dieser Anordnung auch die Priorität der
eigenen Familie ablesen zu können. Wir sollen allen
Menschen Gutes tun, vor allem aber den eigenen
Familienmitgliedern. An Timotheus schreibt Paulus: „Wenn
aber jemand für die Seinen und besonders für die
Hausgenossen nicht sorgt, so hat er den Glauben verleugnet
und ist schlechter als die Ungläubigen" (1. Timotheus 5,8).
Gute Taten müssen zu Hause beginnen! Wer Außenstehenden
Gutes tut, ohne sich um die Bedürfnisse seines Ehepartners,
seiner Eltern und Kinder zu kümmern, lebt nicht in der
Tugend der Güte.

Vor kurzem hörte ich von einem Seminar über die
biblische Ehe, bei dem ein Vortrag hieß: „Wer trägt den
Müll hinaus?" Der Titel war sicher dazu gedacht,
Aufmerksamkeit zu wecken, aber der Autor will damit etwas
ganz Bestimmtes ausdrücken. Die niedrigen Haushaltsarbeiten
sind auch in christlichen Familien oft ein wunder Punkt. Der
gütige Christ jedoch betrachtet die unangenehmen und
verachteten Haushaltspflichten als Gelegenheit zu guten
Werken an den Menschen, die er am meisten liebt.

Eine besondere Stärke der Organisation, für die ich
arbeite, liegt in der Betonung des Dienstes aneinander, den

Dawson Trotman, der Gründer der Organisation, fest in deren Fundament eingebaut hat. Darum enthält der Jüngerschaftskurs auch Gelegenheiten zum Dienst. Wo immer ich die Gelegenheit habe, zu jungen Menschen über dieses Thema zu sprechen, ermutige ich sie dazu, in der eigenen Familie zu beginnen. Es ist viel einfacher, nach einer Kurzfreizeit aufzuräumen, als zu Hause in der Garage sauberzumachen. Irgendwie erscheint es uns geistlicher, bei Fremden babyzusitten, als Mutter am Sonntag beim Geschirrabwaschen zu helfen.

Liebe Ehemänner, hier haben wir alle noch viel zu lernen. Zahllose Dinge gibt es, die wir im und am Haus tun können, um ein tieferes Anliegen für die Bedürfnisse unserer Mitmenschen zur Schau zu tragen. Wer trägt nun wirklich den Müll hinaus? Am besten lernt man am guten Vorbild. Wollen wir unsere Kinder zu guten Taten erziehen (und das brauchen sie, von selbst tun sie's nicht), müssen wir Vorbild sein. Ich frage mich, wie viele Kinder aus christlichen Familien je das Vorrecht haben, ihrem Vater beim Geschirrabtrocken oder beim Saubermachen der Küche zuzusehen. Laßt uns allen gegenüber das Gute wirken, am meisten aber gegenüber der eigenen Familie.

Gutes tun an allen Menschen

Gute Taten im Berufsleben und zu Hause sind wesentlich, trotzdem hat jeder auch außerhalb dieser Bereiche ein weites Betätigungsfeld. Bisher habe ich hauptsächlich die körperlichen Bedürfnisse betont; das christliche Anliegen für das Wohlbefinden unserer Mitmenschen konzentriert sich allerdings erstrangig auf die geistlichen und ewigen Bedürfnisse. Auch hier beauftragt uns Gott, gute Werke zu tun, unseren Begabungen gemäß, versteht sich. Beten wir: „Herr, was willst du, daß ich tue?" Anschließend laßt uns gehorsam handeln.

Obwohl in Galater 6 die Priorität für die „Hausgenossen des Glaubens" wesentlich ist, dürfen wir das „allen gegenüber" im selben Vers nicht übersehen. Weil die Gelegenheiten zu guten Werken praktisch unbegrenzt sind,

müssen wir besonders genau auf die Führung des Heiligen
Geistes achten, der uns die Gelegenheiten schenkt.

Wovor wir uns allerdings hüten müssen, ist ein impulsives
und meist oberflächliches Geben in jeder Not. Wie weise ist
der Rat Bethunes in dieser Sache:

> Wahre Güte ist nicht impulsiv, sondern wohlüberlegt
> und durchdacht. Sie setzt sorgsame Überlegungen
> voraus, welcher Dienst gefragt ist und wie er am
> besten geleistet werden kann. . . . Wir sollen bereit
> sein, von unserer Zeit, unserer Gedankenarbeit,
> unserer Geduld und sogar unserer Arbeitskraft zu
> geben; Güte besteht nicht allein aus Geld,
> freundlichen Worten und mitleidigen Blicken.[3]

Wahre Güte ist opferbereit, nicht nur finanziell, sondern
auch zeitlich. Wie die mazedonischen Christen, die „über
Vermögen" gaben (2. Korinther 8,3), muß der gütige Christ
oftmals Zeit opfern, die er nicht hat. Das ist genauso ein
Glaubensschritt wie Geld zu spenden, von dem wir glauben,
es nicht entbehren zu können. Wir werden immer zu
beschäftigt sein, um anderen zu helfen, so wir nicht
begreifen, wie wichtig gute Taten sind.

Eines der weniger augenfälligen, doch umso wichtigeren
Bedürfnisse vieler (oder der meisten?) Menschen ist jemand,
der zuhört. Manchmal ist gar nicht unser Rat gefragt,
sondern unser aufmerksames Ohr. Als einer meiner Freunde
einen schweren persönlichen Schlag erlitt, wußte ich zuerst
nicht, wie ich ihn trösten sollte. Deshalb wagte ich ihn nicht
anzurufen. Schließlich brachte ich es übers Herz, ihn zum
Essen einzuladen. Eine volle Stunde lang saß ich da und hörte
zu und gab keinen Rat, hörte einfach nur zu. Lediglich hin
und wieder ermutigte ich ihn durch ein kurzes Wort zum
Weiterreden. Seine Reaktion traf mich tief: „Es hat mir
wirklich viel bedeutet, als du mich gestern abend anriefst."
Da waren wir noch nicht einmal zusammengekommen. Es
läutete nur das Telefon und die Einladung zum Essen gab
ihm neuen Mut. Allein das Wissen, ich bedeute einem
Menschen etwas, war ihm Trost genug.

Die meisten Menschen, Christen wie Nichtchristen, hungern nach der echten Zuwendung auch nur eines einzigen Menschen. Den kleinsten Wink von einem, dem sie nicht egal sind, bewerten sie als ein Wunder. Einen der schmerzlichsten Klagerufe in der Bibel finden wir im Munde Davids in Psalm 142,5: „Niemand fragt nach meiner Seele." Kennen Sie jemanden, der sich so fühlen mag? Dann haben Sie die Gelegenheit zu einem guten Werk, indem Sie einfach sagen: „Ich möchte dich eines wissen lassen: Du bist mir nicht egal."

Wahre Güte ist nicht nur opferbereit, sondern auch unermüdlich. Sie wird „im Gutestun nicht müde" (Galater 6,9). Es fällt uns nicht sonderlich schwer, in einigen wenigen Einzelfällen Gutes zu tun. Eine gute Tat mit Freude auf unbestimmte Zeit auszuüben ist freilich eine ganz andere Sache. Solche alltägliche Güte wird von den Empfängern oft als selbstverständlich vorausgesetzt. Wahre Güte orientiert sich aber weder am Empfänger noch am Erfolg, sondern am Lohn Gottes. Sein anerkennendes Nicken gibt die Kraft zum Weitermachen.

Eine der ernüchterndsten Aussagen der Schrift lesen wir in Hebräer 12,14: „die Heiligung, ohne die niemand den Herrn schauen wird." Nicht mein äußeres Bekenntnis, sondern meine Heiligkeit beweist die Echtheit meines Christseins und meines ewigen Erbes. Auf derselben Ebene liegt Jesu Vorschau auf den Gerichtstag in Matthäus 25. Die Kriterien sind dort unsere guten Werke: die Hungrigen speisen, den Durstigen zu trinken geben, die Bedürftigen kleiden, die Fremden beherbergen, die Kranken versorgen und die Gefangenen besuchen. Jesus lehrt uns nicht, daß gute Werke uns den Weg zum Himmel öffnen, doch sind sie der notwendige und unabdingbare Beweis für unsere himmlische Bestimmung. Bethune meint dazu:

> Am Gerichtstag werden wir nicht allein über unsere Meinungen und Bekenntnisse befragt, sondern über unsere Taten, welche die Echtheit unseres Glaubens und die Ernsthaftigkeit unseres Bekenntnisses beweisen. Wir können nicht wissen, ob wir auf dem richtigen Weg sind, so wir nicht in den Fußspuren dessen wandeln, der im Leben und im Tod Gutes tat.

Er kam vom Himmel, um auf der Erde Gutes zu tun,
damit wir im Gutestun den Weg zum Himmel
beschreiten können.[4]

Ohne Heiligung wird niemand den Herrn schauen. Nach
Matthäus 25,31-46 wird ohne Güte niemand den Herrn
schauen. Beide Gedanken müssen jeden zutiefst packen, der
die Worte der Schrift ernstnimmt.

Nach Gelegenheiten Ausschau halten

Ein Ziel dieses Studiums über gottgewollte Charakterzüge ist
es, sich der weniger bekannten Eigenschaften bewußt zu
werden. Ist Ihnen je klar geworden, wie wichtig Jesus gemäß
Matthäus 25,31-46 unsere guten Werke sind? Welchen
größeren Anreiz zu guten Werken können wir haben als
regelmäßig über diese Schriftstelle nachzusinnen? Oder
denken wir im Gebet über Epheser 2,10 nach und bitten wir
Gott, uns die guten Werke zu zeigen, die er für uns bereitet
hat.

Überdenken Sie Ihre Gaben und Talente, Ihren Beruf und
die besonderen Umstände, die Gott Ihnen zum Dienst
anvertraut hat. Petrus sagt: „Wie jeder eine Gnadengabe
empfangen hat, so dient damit einander als gute Verwalter
der verschiedenartigen Gnade Gottes" (1. Petrus 4,10). Wir
sind nicht dafür verantwortlich, alle guten Werke dieser Welt
zu vollbringen, sondern nur diejenigen, die Gott für uns
vorgesehen hat.

Die meisten Gelegenheiten zu guten Werken bieten sich im
gewöhnlichen Alltagseinerlei. Wir sollen nicht nach dem
Spektakulären suchen; nur wenige Menschen haben je die
Gelegenheit, ein Opfer aus dem Wrack eines brennenden
Fahrzeuges zu retten. Alle aber können das ermutigende Wort
sprechen, die kleinen unscheinbaren Dienste versehen, die das
Leben für andere Menschen angenehmer machen.

Gute Werke kosten Zeit, Gedankenarbeit und Mühe. Sie
sind jedoch nicht Störfälle in Gottes Plan für uns, sondern
Teil dieses Plans. Wir haben immer genug Zeit, um Gottes
Willen auszuführen.

Wir brauchen Gottes grenzenlose Gnade, um unser Herz weit zu öffnen und den Blick von uns weg auf die Nöte unserer Mitmenschen zu richten. Vor dem Thron Gottes können wir voller Zuversicht die Gnade erbitten, die wir zum Wachstum in Freundlichkeit und Güte benötigen. Mögen wir alle wie Tabea gelten, die „reich war an guten Werken und Almosen" (Apg 9,36).

Anmerkungen

1. Bethune: *The Fruit of the Spirit*, S. 117

2. Bethune S. 126

3. Bethune S. 127-128

4. Bethune S. 132

17

Liebe

Zu diesem allen aber zieht die Liebe an,
die das Band der Vollkommenheit ist.
Kolosser 3,14

In seiner Liste jener christlichen Eigenschaften, die er Frucht des Geistes nennt, stellt Paulus die Liebe an die erste Stelle. Wohl um ihre Bedeutung hervorzuheben. Liebe ist die alles überragende Tugend. Aus ihr resultieren sämtliche anderen Tugenden. Ich stelle die Liebe auch deshalb an den Schluß. Lesen Sie bitte zur Abrundung des Themas noch Kolosser 3,14!

Hingabe an Gott ist der einzige Beweggrund zur Erlangung und Ausübung eines geistlichen Wesens (siehe Kapitel fünf). Ihren sichtbaren Ausdruck findet die Hingabe in der Liebe zueinander. Anders gesagt: die Echtheit unserer Hingabe erweist sich in unserer Liebe zum Mitmenschen. Wie der Apostel Johannes sagt: „Wenn jemand sagt: Ich liebe Gott, und haßt seinen Bruder, ist er ein Lügner. Denn wer seinen Bruder nicht liebt, den er gesehen hat, kann nicht Gott lieben, den er nicht gesehen hat. Und dieses Gebot haben wir von ihm, daß, wer Gott liebt, auch seinen Bruder lieben soll" (1. Johannes 4,20-21).

Wir können Gott nicht wirklich lieben, ohne einander zu lieben. Gibt es einen Menschen, den ich nicht liebe, sage ich praktisch zu Gott: „Ich liebe dich nicht genug, um diesen Menschen zu lieben." Ganz bestimmt bedeutet es oft einen schweren geistlichen Kampf, einen bestimmten Menschen zu lieben. Die Lieblosigkeit freilich, die ich hier meine, ist die bewußte Weigerung, jemanden zu lieben, das willentliche Gewährenlassen meines lieblosen Herzens.

In Matthäus 22,37-40 wird Jesus die Frage gestellt, was das höchste Gebot sei. In seiner Antwort nennt er Gottesliebe im selben Atemzug mit Menschenliebe. George Bethune sagt dazu: „Dem Gebot, Gott zu lieben 'mit deinem ganzen Herzen und mit deiner ganzen Seele und mit deinem ganzen Verstand', folgt das andere Gebot, seinen Nächsten zu lieben 'wie dich selbst.' Somit muß die Nächstenliebe in der Gottesliebe eingeschlossen sein; wie sonst könnte man mit ganzem Herzen Gott lieben und immer noch Raum zur Nächstenliebe haben?"[1]

Hingabe an Gott ist der eigentliche Beweggrund für christliches Wesen, zugleich allerdings ist die Liebe zum Mitmenschen die nächstliegende Motivation, um die christlichen Tugenden aneinander zu üben. Wir können die Merkmale der Liebe aus 1. Korinther 13 zu Motivationsaussagen umformulieren. Sie könnten dann etwa so klingen:

• Ich bringe dir Geduld entgegen, weil ich dich liebe und dir vergeben will

• Ich verhalte mich freundlich, weil ich dich liebe und dir helfen will

• Ich beneide dich nicht um deinen Besitz und deine Gaben, weil ich dich liebe und das Beste für dich will

• Ich gebe nicht an mit meinen Errungenschaften, weil ich dich liebe und deine Erfolge mir wichtiger sind

• Ich bin nicht hochmütig, weil ich dich liebe und dich höher achten will als mich selbst

• Ich bin nicht gefühllos, weil ich dich liebe und deine Empfindungen mir wichtig sind

• Ich bin nicht selbstsüchtig, weil ich dich liebe und mir deine Bedürfnisse am Herzen liegen

• Ich bin nicht jähzornig, weil ich dich liebe und dir vergeben will

• Ich führe keine schwarze Liste mit deinen Fehlern, weil ich dich liebe und „Liebe eine Menge von Sünden bedeckt."

In dieser Form, die Liebe als Motivationsfaktor zum Ausdruck bringt, können wir verstehen, warum Liebe alle anderen christlichen Tugenden zusammenbindet. Liebe ist nicht so sehr eine Charaktereigenschaft als eine, alle Wesenszüge bedingende, innere Herzenshaltung. Bethune bezeichnet sie als „einen heiligen, bleibenden und mächtigen Geist, der den gesamten Menschen regiert und ihn beständig in die demütige und liebevolle Erfüllung all seiner Pflichten vor Gott und seinen Mitmenschen treibt."[2] Obwohl Liebe mehr eine bewegende Kraft als eine christliche Tugend sein mag, treibt sie uns *unausweichlich* zum Handeln. Sie macht uns bereit, freundlich zu sein, zu vergeben, uns selbst an andere zu verschenken. Darum sagt Petrus: „Vor allen Dingen aber habt untereinander eine anhaltende Liebe" (1. Petrus 4,8).

Gott ist Liebe

Bereits in Kapitel 10 betrachteten wir die beiden Aussagen des Apostels Johannes über die Quintessenz des Wesens Gottes: „Gott ist Licht" und „Gott ist Liebe." Hier ist Liebe keine Handlung, auch kein Wesenszug, sondern ein Grundmerkmal des Wesens Gottes. In den Worten Bethunes: „Gott war Liebe, schon lange ehe er Geschöpfe erschuf, um Objekte seiner Liebe zu sein, ja von aller Ewigkeit her."[3]

Gott ist unendlich und herrlich in allen seinen Eigenschaften, aber das Hauptgewicht in der Bibel liegt auf seiner Heiligkeit, Güte und Liebe. In 2. Mose 33 begegnen wir einem aufschlußreichen Zusammenhang zwischen Gottes Güte und seiner Herrlichkeit. Auf die Bitte Moses: „Laß mich doch deine Herrlichkeit sehen!" antwortet Gott: „Ich werde all meine Güte an deinem Angesicht vorübergehen lassen und den Namen HERR vor dir ausrufen" (Vers 18-19). In Vers 22 hingegen heißt es: „Wenn meine Herrlichkeit vorüberzieht ..." Binden wir diese beiden Verse zusammen, so setzt Gott seine Herrlichkeit mit seiner Güte gleich. Wie beschreibt Gott nun seine Güte? In 2. Mose 34,6-7 lesen wir: „Und der

HERR ging vor seinem Angesicht vorüber und rief: Der HERR, der HERR, Gott, barmherzig und gnädig, langsam zum Zorn und reich an Gnade und Treue, der Gnade bewahrt an Tausenden von Generationen, der Schuld, Vergehen und Sünde vergibt."

Die Israeliten erkannten Gottes Güte als Ausdruck seiner Herrlichkeit. Bei der Einweihung des salomonischen Tempels erfüllte nach 2. Chronik 7,2 die Herrlichkeit Gottes den Tempel, so daß die Priester ihren Dienst nicht versehen konnten. In Vers 3 lesen wir weiter:

> Und alle Söhne Israel sahen das Feuer herabfahren und die Herrlichkeit des HERRN über dem Haus. Da knieten sie mit dem Gesicht zur Erde auf das Pflaster nieder und beteten an, und sie priesen den HERRN: Denn er ist gütig, denn seine Gnade währt ewig.

Die Reaktion der Israeliten auf die Herrlichkeit Gottes ist beachtlich: „Er ist gütig." Gottes Güte ist der wesentliche Ausdruck seiner Herrlichkeit. Wer Gott gleich sein und ihn in seinem Leben verherrlichen will, muß seinem Wachstum in der Liebe Priorität einräumen. Ich habe drei allgemeine Gebetsanliegen für mich selbst und andere: in der Heiligkeit, Demut und Liebe zu wachsen. Am wichtigsten ist die Liebe, denn aus Liebe zu Gott werde ich Heiligkeit erstreben und aus Liebe zu anderen werde ich mich demütigen, indem ich ihr Wohl vor mein eigenes stelle.

Da Liebe zu Gott und zum Mitmenschen absoluten Vorrang haben muß, ist es besonders wichtig, wie sich Liebe äußert. Die bekannteste Beschreibung der Liebe findet sich natürlich in 1. Korinther 13. Die Liste der Eigenschaften in diesem Kapitel haben wir unter anderen Titeln bereits großteils behandelt. Die Grundmerkmale der Liebe jedoch sind in zwei weiteren Schriftstellen noch einprägsamer behandelt. Es sind dies 1. Johannes 3,16-18 und 4,7-11.

Liebe gibt, koste es, was es wolle

In 1. Johannes 3,16 sagt der Apostel: „Hieran haben wir die Liebe erkannt, daß er für uns sein Leben hingegeben hat." Das heißt: *Liebe gibt, selbst wo es schwerfällt.* Jesus gab für uns sein Leben. Nach Johannes 3,16 liebte Gott die Welt so sehr, daß er seinen einzigen Sohn gab, um für uns zu sterben. In Jesu Menschwerdung und Tod gaben sowohl der Vater als auch der Sohn ihr Höchstes, um unserer verzweifelten Notlage abzuhelfen. Nur die Menschwerdung und der Tod des Heilands konnten uns helfen. Der Preis war unendlich hoch, Gott der Vater und Gott der Sohn aber schreckten aus Liebe zu uns Menschen nicht davor zurück, diesen Preis zu bezahlen.

Nun sollen auch wir geben, selbst wo es uns schwerfällt: „auch wir sind schuldig, für die Brüder das Leben hinzugeben." Im Zusammenhang mit dem Opfer Jesu scheint diese Forderung übersteigert und unmöglich, die Forderung nach der höchsten Handlung der Liebe. Sie läßt sich jedoch ganz praktisch und alltäglich ausleben: im Teilen mit dem notleidenden Bruder. Dies muß allerdings aus Mitgefühl und Zuneigung geschehen, nicht aus Pflicht. Leben wir unsere Liebe aus, um unserem Bruder zu helfen, selbst wenn der Preis hoch ist.

Unendlich leidet unsere Welt! Aus diesem Grunde müssen wir Christen im Kampf gegen diese Nöte in der ersten Reihe stehen. Daran läßt Johannes keinen Zweifel: „Wer aber der Welt Güter hat und sieht seinen Bruder Mangel leiden und verschließt sein Herz vor ihm, wie bleibt die Liebe Gottes in ihm?" Paulus lobt die mazedonischen Christen für ihre Liebe: „In Drangsal (ist) der Überschwang ihrer Freude und ihre tiefe Armut übergeströmt in den Reichtum ihrer Freigebigkeit. Denn nach Vermögen, ich bezeuge es, und über Vermögen waren sie aus eigenem Antrieb willig" (2. Korinther 8,2-3). Sie gaben aus Liebe und in großer Opferbereitschaft, um den Jerusalemer Mitchristen in ihrer finanziellen Notlage beizustehen, obwohl sie diese nicht einmal kannten. Natürlich sollen wir in der Gemeinde und in der Mission spenden, aber wir dürfen die Tatsache nicht übersehen, daß die bekannteste Bibelstelle über das Geben (2. Korinther 8-9) vom Geben an die Armen handelt.

Manchmal leidet unser Bruder keine materielle Not. Oft braucht er ein aufmerksames Ohr, ein ermutigendes Wort, eine helfende Hand. Dazu müssen wir etwas von uns selbst geben, von unserer Zeit, unserer Aufmerksamkeit, unserem Herzen. Das ist nicht selten schwerer als eine Geldspende. Paulus sagt von Timotheus: „Denn ich habe keinen ihm Gleichgesinnten, der aufrichtig für das Eure besorgt sein wird" (Philipper 2,20). Auf dieses Lob folgt ein schwerer Vorwurf: „denn alle suchen das Ihre, nicht das, was Jesu Christi ist" (Vers 21).

Wer nichtmateriellen Bedürfnissen begegnen will, muß sich selbst, seine Sorgen und sein eigenes Wohl zurücklassen. Wir können nicht wirklich am Wohl unserer Mitmenschen interessiert sein, wenn wir nicht, wie Timotheus, ihre Nöte und Anliegen voranstellen. Dazu müssen wir das eigene Wohl hintenanstellen. Nur Liebe ist bereit, diesen Preis zu bezahlen.

Liebe vergibt unter allen Umständen

Die zweite Bibelstelle, in der Johannes uns über die Bedeutung der Liebe unterweist, ist 1. Johannes 4,7-11. Seine Aussage „Gott ist Liebe" ergänzt Johannes folgendermaßen:

> Hierin ist die Liebe Gottes zu uns geoffenbart worden, daß Gott seinen eingeborenen Sohn in die Welt gesandt hat, damit wir durch ihn leben möchten. Hierin ist die Liebe: nicht daß wir Gott geliebt haben, sondern daß er uns geliebt und seinen Sohn gesandt hat als eine Sühnung für unsere Sünden. Geliebte, wenn Gott uns so geliebt hat, sind auch wir schuldig, einander zu lieben.

Wieder weist Johannes auf das Opfer Gottes hin, als er seinen Sohn in die Welt sandte, damit wir durch ihn leben mögen. Der zentrale Gedanke jedoch ist: *Gott gab, um uns zu vergeben*. Er sandte seinen Sohn zur Sühnung für unsere Sünden, um Gottes Zorn abzuwenden und die Sünden wegzunehmen. Gott gab seinen Sohn, der seinen Zorn am eigenen Leib ans Kreuz trug und somit unsere Sünden wegnahm. Gottes Gerechtigkeit erfordert Strafe für unsere Sünde und solange dieser Gerechtigkeit nicht Genüge getan war, konnte Vergebung nicht geschehen. Darum gab Gott seinen Sohn, um uns zu vergeben. Er hatte dafür einen hohen Preis zu bezahlen.

Und wieder knüpft Johannes unsere Liebe an die Liebe Gottes an. Da Gott uns so sehr liebte, sollen auch wir einander lieben. Ist unsere Liebe groß genug, um einander zu vergeben, ob wir darum gebeten werden oder nicht? So oft wollen wir den sündigen Mitchristen erst auf den Knien vor uns liegen sehen, bevor wir ihm vergeben. Gott nicht: Noch, als wir Sünder waren, seine Feinde, sandte er seinen Sohn, der für uns starb zur Vergebung der Sünden. Dasselbe fordert Johannes nun von uns.

Vergebung kostete Gott seinen Sohn, doch was kostet es uns, einander zu vergeben? Es kostet uns unseren Gerechtigkeitssinn. Wir haben alle einen angeborenen Gerechtigkeitssinn, den unser sündiges Wesen leider entstellt hat. Zwar suchen wir das Recht, verstehen aber darunter nur das, was uns selbst nützt. In Wirklichkeit ist Gerechtigkeit längst getan. Gott ist der einzige, der in seiner Schöpfung Recht übt und seiner Gerechtigkeit ist Genüge getan. Um unserem Bruder zu vergeben, müssen wir uns an Gottes Gerechtigkeit genügen lassen und auf die eigene Befriedigung verzichten.

Ich denke an den schweren Kampf, den es mir vor einigen Jahren kostete, einen Mitchristen zu lieben. Eines Abends stellte mir der Heilige Geist folgende Frage: „Glaubst du, daß ich ihn so lieben kann, wie er ist?" Dieser Gedanke kam mir vorher nie und ich mußte zugeben: Gott liebte ihn wie er war, mit allen Fehlern und Eigenheiten. Danach stieg die nächste Frage in mir auf: „Ich kann ihn lieben, und du?" Gott wollte mich lehren, zu lieben, so wie er liebt; zu vergeben, so wie er vergibt. Und Liebe vergibt, selbst wo es schwer fällt; sie fordert nicht ihr Recht, ja nicht einmal eine Änderung des Verhaltens seitens des Sünders.

Dieser vergebende Aspekt der Liebe befähigt uns zur Geduld und zum Frieden miteinander. Er ermöglicht uns zur Sanftmut mit dem Bruder, trotz seiner Sünde. Wollen wir in der Tugend der Liebe wachsen, müssen wir bereit sein zur Vergebung, auch dort, wo es schmerzt.

Liebe ist tätig

Biblische Liebe ist mehr als ein Gefühl, sie ist eine Herzenshaltung und eine Handlungsweise zum Allgemeinwohl, ob die Gefühle dabei mitspielen oder nicht. Das wird oft betont, und zwar zu Recht. Vine zum Beispiel sagt: „Christliche Liebe ... ist kein gefühlsmäßiger Antrieb und steht auch nicht immer mit den natürlichen Neigungen im Einklang. Sie beschränkt sich nicht auf jene, mit denen wir etwas gemeinsam haben."[4] Eine Stelle aus *Lebensstil Heiligkeit* möge dies verdeutlichen:

Nehmen wir an, Sie würden über 1. Korinther 13, dem großen Kapitel der Liebe, meditieren. Während Sie über das Kapitel nachdenken, wird Ihnen die Wichtigkeit der Liebe klar, und Sie sehen auch die praktischen Auswirkungen der Liebe: die Liebe ist geduldig und freundlich und neidet nicht. Sie fragen sich selbst: „Bin ich ungeduldig oder unfreundlich oder neidisch gegen jemanden?" Beim Nachdenken darüber wird Ihnen bewußt, daß Sie an Ihrer Arbeitsstelle neidisch gegen Peter sind, bei dem immer alles glatt zu gehen scheint. Sie bekennen Gott diese Sünde, wobei Sie ganz konkret Peter sowie Ihre sündhafte Reaktion auf seinen Erfolg nennen. Sie bitten Gott, ihn sogar noch mehr zu segnen und Ihnen einen Geist der Zufriedenheit zu geben, so daß Sie nicht fortfahren, Peter zu beneiden, sondern ihn stattdessen zu lieben. Sie können 1. Korinther 13,4 auswendiglernen und darüber nachdenken, wenn Sie Peter bei der Arbeit sehen. Dasselbe tun Sie morgen und am nächsten und übernächsten Tag, bis Sie schließlich sehen, daß Gott in Ihrem Herzen einen Geist der Liebe gegen Peter gewirkt hat.[5]

Liebe ist somit eher eine Handlungsweise als ein Gefühl. Obwohl diese Betonung der *Liebeshandlungen* ganz sicher nötig ist, dürfen wir nicht den Eindruck vermitteln, Liebe hätte überhaupt nichts mit Gefühlen zu tun, als wäre sie ein reiner Willensakt aus Pflichtbewußtsein, unbeschadet aller Gefühle. Das führt zu der Einstellung: „Ich liebe ihn ja, aber leiden kann ich ihn nicht." Diese unausgewogene Auffassung findet in der Bibel keinen Rückhalt.

Die christliche Liebe untereinander beschreibt die Bibel mit Ausdrücken wie: „liebt einander anhaltend, von Herzen" (1. Petrus 1,22) und „in der Bruderliebe seid herzlich zueinander" (Römer 12,10). Andere Übersetzungen verwenden hier Begriffe wie „aufrichtig" und „zugetan." Drei verschiedene Bibelautoren schreiben von „Bruderliebe" oder „brüderlicher Liebe", womit die christliche Liebe der Zuneigung unter Familienmitgliedern gleichgestellt wird (siehe Hebräer 13,1 und 1. Petrus 3,8).

Diese Bibelstellen weisen auf eine wichtige Rolle unserer Gefühle hin: Unserem Mitchristen sollen wir in echter Zuneigung entgegentreten. Natürlich kann diese Zuneigung die Liebestaten nicht ersetzen, wohl aber ergänzen. Mit weniger dürfen wir uns nicht zufrieden geben.

Nach den Briefen des Apostels Paulus an die einzelnen Gemeinden dürften die Korinther und die Galater ihm am meisten Kummer bereitet haben. Und dennoch: Innigstes Fühlen schwingt in der Stimme des Apostels, als er den Korinthern schreibt: „Denn aus viel Drangsal und Herzensangst schrieb ich euch mit vielen Tränen, nicht damit ihr traurig gemacht würdet, sondern damit ihr die Liebe erkennen möchtet, die ich besonders zu euch habe" (2. Korinther 2,4). Und an die Galater: „Meine Kinder, um die ich abermals Geburtswehen erleide, bis Christus in euch Gestalt gewonnen hat. Ich wünschte, jetzt bei euch anwesend zu sein und meine Stimme zu wandeln, denn ich bin wegen euch im Zweifel" (4,19-20). Drangsal, Herzensangst, Tränen und Geburtswehen zeigen das tiefe Gefühl der Liebe, das Paulus zu diesen Menschen hegt. Ihr Handeln, das sie so wenig liebenswert machte, vertieft sein Gefühl nur umso mehr. Diese Liebe war nicht nur eine unpersönliche

Handlung, indem er ihnen in ihrem ureigensten Interesse Briefe zur Zurechtweisung schrieb. Er fühlte sich innigst zu ihnen hinzugezogen, obwohl sie ihn verstießen.

Einer der größten Augenblicke meines Christseins war der Tag, als ich einen Bruder in meine Arme schließen konnte, gegen den ich seit Jahren eine Antipathie gehegt hatte. Endlich erkannte ich den schwerwiegenden Fehler der Einstellung: „Ich liebe ihn, aber leiden kann ich ihn nicht", die weit hinter dem Maßstab Gottes für unsere Liebe zurückblieb und somit meine Sünde war.

Liebe ist mehr als ein Willensakt. Um wieder die Definition Bethunes zu zitieren: Liebe ist ein *mächtiger* Geist, der den gesamten Menschen regiert und ihn beständig in die demütige und liebevolle Erfüllung all seiner Pflichten vor Gott und seinen Mitmenschen treibt. Es genügt nicht, den *Entschluß* zu Taten der Liebe zu fassen; wir benötigen auch das *Verlangen* danach. Nicht daß wir uns in den Taten unserer Liebe vom Lustprinzip leiten lassen sollen; wir dürfen uns nicht damit zufrieden geben, den Willen zur Liebe zu haben. Lassen wir nicht im Gebet nach, bis Gott uns jenen mächtigen Geist der Liebe schenkt, dem es Freude bereitet, dem Bruder die Hand zu reichen und seine Not zu lindern oder seine Sünde zu vergeben, koste es, was es wolle.

In der Liebe wachsen

Diese Liebe kann natürlich nur der Geist Gottes in unser Herz senken. An die Thessalonicher schreibt Paulus: „Ihr selbst seid von Gott gelehrt, einander zu lieben" (1. Thessalonicher 4,9). Schon im nächsten Vers jedoch heißt es: „Wir ermahnen euch aber, Brüder, reichlicher zuzunehmen" (Vers 10). Gerade hier, am Ende unserer Studienreihe über christliche Wesenszüge, müssen wir dieses Prinzip nochmals hervorstreichen: Gottgleiches Wesen ist sowohl die Frucht des Geistes, der in uns wirkt, als auch das Ergebnis unserer eigenen Bemühung. Wir sind sowohl völlig abhängig von seinem Wirken an uns und völlig eigenverantwortlich für unsere Charakterbildung. Das widerspricht unserem gewohnten Schwarzweiß-Denken, ist aber biblisch.

Wie können wir unserer Aufgabe gerecht werden, in der Liebe „reichlicher zuzunehmen"? Wie können wir unsere Verantwortung wahrnehmen, wo Liebe nun mal eine innere, vom Heiligen Geist hervorgebrachte, Herzenshaltung ist? Wie wir längst wissen, verwendet Gottes Geist sein Wort, um uns umzugestalten. Wollen wir daher in der Liebe wachsen, müssen wir unsere Gedanken mit Schriftworten füllen, die von der Liebe sprechen und ihre Wichtigkeit klären. 1. Korinther 13,1-3 zeigt die Nichtigkeit von Erkenntnis, Fähigkeiten und Eifer ohne Liebe. 1. Korinther 13,4-7 erklärt die Einstellungen und Handlungen der Liebe. In Römer 13,8-10 lesen wir von der Liebe, die die Erfüllung der Gebote Gottes darstellt. Die beiden Stellen in 1. Johannes über Opferbereitschaft und Vergebung haben wir bereits behandelt. Wollen Sie in der Liebe wachsen? Dann beginnen Sie, über diese Bibelstellen nachzudenken.

Zweitens müssen wir um die Hilfe des Heiligen Geistes bitten, um sein Wort in unser Herz zu senken und auf unser tägliches Leben anzuwenden. Paulus rief die Thessalonicher nicht nur auf, in der Liebe zu wachsen; er stützte sich dabei auf das Werk des Herrn: „Euch aber mache der Herr reicher und überströmend in der Liebe gegeneinander und gegen alle - wie auch wir gegen euch sind" (1. Thessalonicher 3,12). Indem wir uns des eigenen Versagens bewußt werden, müssen wir das vor Gott bekennen und ihn bitten, uns in dem betreffenden Bereich weiterzuhelfen und uns zu mehr Feingefühl zu verhelfen.

Schließlich und endlich müssen wir gehorsam sein. Wir müssen tun, was die Liebe vorschreibt. Wir dürfen unserem Nächsten nichts Böses tun (Römer 13,10); wir müssen seinen Nöten zu begegnen versuchen und sein Unrecht gegen uns vergeben. Wir müssen sein Wohl vor unser eigenes setzen und ihm aktiv die Hand reichen, um ihn als Bruder in Christus aufrichtig zu lieben. Bei alledem sind wir jedoch vom Heiligen Geist abhängig, der das Wollen und das Wirken bewirkt nach seinem Wohlgefallen.

Klingt das zu methodisch? Können wir überhaupt Wachstumsschritte zur Liebe festlegen? Nein! Wir können auch dem Heiligen Geist nicht vorschreiben, wie er zu wirken hat. Aber wir können in unserer Verantwortung zum Wachstum konkrete Schritte setzen! Fassen wir den Entschluß, über die Schrift nachzudenken und uns dafür Zeit zu nehmen! Raffen wir uns zum Gebet für unser Wachstum in der Liebe auf! Rufen wir uns Menschen ins Gedächtnis, die unsere Zeit, unsere Zuwendung und unser Geld brauchen! Gestehen wir unser Versagen in bestimmten Situationen ein und bekennen wir es Gott! Lernen wir es, in Zukunft mit seiner Hilfe zu rechnen!

Das alles können und *müssen* wir tun, um in der Tugend der Liebe zuzunehmen. Eines ist klar: Nur Gott kann unsere Liebe größer machen! Es ist sein Wille, uns in der Liebe wachsen zu sehen.

Indem wir unseren Anteil erfüllen, können wir Gott bedingungslos vertrauen. Er wird uns umgestalten, nicht weil wir ihn in Zugzwang gesetzt haben, sondern weil er ein Gott der Gnade und Liebe ist und diese Eigenschaften auch von uns erwartet.

Anmerkungen

1. Bethune: *The Fruit of the Spirit*, S. 40
2. Bethune S. 41
3. Bethune S. 38
4. W. E. Vine: *An Expository Dictionary of New Testament Words*, S. 693
5. Jerry Bridges: *Lebensstil: Heiligung*, S. 92-93

18

Das Ziel erreichen

Ich habe den guten Kampf gekämpft,
ich habe den Lauf vollendet,
ich habe den Glauben bewahrt.
2. Timotheus 4,7

Das Training der Gottseligkeit erfordert harte Disziplin, vollen Einsatz und ständiges Bemühen. Paulus schrieb gegen Ende seines Lebens aus einer römischen Gefängniszelle an die Philipper und gestand, das Ziel noch nicht erreicht zu haben. Immer noch lief er das Rennen der Gottseligkeit; immer noch wollte er Christus besser erkennen und ihm gleich werden.

Was trieb Paulus in seinem mühsamen Weiterstreben voran? Auf welche Motivationskräfte verließ er sich, als er Timotheus schrieb: „Übe dich zur Gottseligkeit", obwohl dieses Training eine anstrengende Aufgabe war, gepflastert mit Hindernissen und Versagen? Jemand hat gesagt, ein Verlangen ohne Disziplin bringt Enttäuschung, Disziplin ohne Verlangen aber Zermürbung. War das Streben nach Gottseligkeit für Paulus zermürbend? Erwartete er von Timotheus, die Zähne zusammenzubeißen und das Christsein irgendwie durchzustehen?

Die rechte Motivation

Die Antwort auf diese Fragen finden wir in Philipper 3,12-14, wo Paulus von seinem eigenen Streben nach der Gottseligkeit spricht. Er war zutiefst motiviert. Wir sehen keinen Schatten von Enttäuschung oder Zermürbung. Paulus lag voll Disziplin im Rennen, beseelt von einem starken Verlangen. Woher kam diese Motivation? Worauf war dieses Verlangen ausgerichtet? Untersuchen wir diese Bibelstelle eingehender:

> Nicht, daß ich es schon ergriffen habe oder schon vollendet sei; ich jage ihm aber nach, ob ich es auch ergreifen möge, weil ich auch von Christus Jesus ergriffen bin. Brüder, ich denke von mir selbst nicht, es ergriffen zu haben; eines aber tue ich: Ich vergesse, was dahinten, strecke mich aber aus nach dem, was vorn ist, und jage auf das Ziel zu, hin zu dem Kampfpreis der Berufung Gottes nach oben in Christus Jesus.

Paulus gab zu, noch nicht vollkommen zu sein. Er war noch unterwegs. Beachten wir die Kompromißlosigkeit seines Einsatzes: „Ich jage ihm nach", sagt er, „ich strecke mich aus nach dem, was vorn ist." Dasselbe Wort für „nachjagen" kommt auch in 1. Petrus 3,11 vor und wird in 1. Timotheus 6,11 und 2. Timotheus 2,22 mit „nachstreben" übersetzt. Es bedeutet im negativen Sinne „jemanden verfolgen" und ist ein sehr starker Ausdruck. „Nachjagen" ist die Haltung des Läufers, der seine Augen fest auf das Ziel richtet, den Oberkörper vorgeneigt, jeden Muskel und Nerv zum Zerreißen gespannt, im Dienste einer großen Aufgabe. Wer den verzerrten Gesichtsausdruck eines Olympialäufers auf dem Weg zum Ziel kennt, vermag die volle Bedeutung des Wortes „nachjagen" an dieser Stelle zu erfassen. Tagein, tagaus lebte Paulus in dieser Anspannung. Für Paulus gab es keinen Urlaub vom Christsein; er gönnte sich keine Pause. Er kämpfte sein Leben lang. Wie konnte er das nur aushalten? War es seine außergewöhnliche Persönlichkeit? Dann ist dieser Kampf nur jenen möglich, die ein ähnliches Temperament haben. Oder war er in besonderer Weise motiviert? Dann kann jeder von uns denselben Kampf kämpfen.

Aus den Versen 12 und 14 können wir zwei Motivationsfaktoren herauslesen. Zuerst strebt Paulus vorwärts, um das zu ergreifen, „zu dem ich auch von Christus Jesus ergriffen bin" (wörtliche Übersetzung). Nach Vers 14 jagt er voran, um den Kampfpreis zu gewinnen, zu dem Gott ihn in Christus Jesus berufen hat. Im ersten Fall ist Gottes *Ziel* für ihn gemeint; im zweiten Gottes *Lohn*. Betrachten wir diese beiden Motivationen genauer, um ihre Wirkungsweise zu verstehen.

Christi Ziel für uns

Paulus strebte vorwärts, um das zu ergreifen, „zu dem" oder „um dessentwillen" er von Christus ergriffen war. Er bemühte sich mit ganzer Kraft, Christi Ziel für ihn zu erreichen. Was war dieses Ziel? Nach Titus 2,14 hat Christus „sich selbst für uns gegeben, damit er uns loskaufte von aller Gesetzlosigkeit und sich selbst ein Eigentumsvolk reinigte, das eifrig sei in guten Werken." Christus starb für uns, um uns *von der Sünde* zu erlösen, nicht nur von der Strafe für die Sünde, sondern von ihrer Macht und Herrschaft. Das wird auch im Wort *reinigen* deutlich, das von innerer Befreiung von der Befleckung und Verunreinigung durch die Sünde spricht.

Derselbe Gedanke ist in Epheser 5,25-27 enthalten, nach dem Christus sich selbst für die Gemeinde hingegeben hat, „um sie zu heiligen, sie reinigend durch das Wasserbad im Wort, damit er die Gemeinde sich selbst verherrlicht darstellte, die nicht Flecken oder Runzel oder etwas dergleichen habe, sondern daß sie heilig und tadellos sei." Das ist Gottes Ziel für uns. Zu diesem Zweck ist Jesus gestorben. Dazu erschien er Paulus auf der Straße nach Damaskus und dazu ist er jedem von uns begegnet, um uns zum Glauben zu führen. Er starb, um uns nicht nur von der Schuld der Sünde zu erlösen, sondern auch von ihrer Macht und Verunreinigung. Er starb, nicht um uns glücklich zu machen, sondern um uns heilig zu machen.

Das ist nicht alles! In Titus 2,14 ist auch von einem „Eigentumsvolk" die Rede, „das eifrig sei in guten Werken."

Wir sind Christi Eigentum, das heißt er ist Herr in unserem Leben: „Oder wißt ihr nicht, ... daß ihr nicht euch selbst gehört? Denn ihr seid um einen Preis erkauft worden" (1. Korinther 6,19-20). „Eifrig in guten Werken" meint das Ausleben der Frucht des Geistes, der gottgleichen Charakterzüge.

Das ist also das Ziel, um dessentwillen Jesus Paulus ergriff und zu dem er auch uns ergriffen hat. Er will uns heilig machen, uns von der Verunreinigung durch die Sünde reinigen. Er will Herr sein in unserem Leben, damit wir Gott gleich werden.

Dieses Ziel hatte Paulus sich zu eigen gemacht. Auf dieses Ziel strebte er zu mit unermüdlichem Einsatz. Es wäre für Paulus undenkbar gewesen, ein anderes Ziel zu verfolgen als das, um dessentwillen Christus ihn ergriffen hat.

Hier ist vor allem die Gottzentriertheit dieser Motivation zu beachten. Es war das Bewußtsein um Gottes Ziel, das Paulus so unablässig vorwärtstrieb. Wie ganz anders sind wir oft. In unserem Christsein lassen wir uns von ganz anderen Dingen treiben. Wie bereits früher angedeutet, streben wir nach „Sieg" im Leben oder nach einem „positiven Selbstverständnis." Oder wir wollen uns dem Lebensstil unserer Gemeinde anpassen; sogar Stolz mag unser Beweggrund für christliches Verhalten sein, das Streben nach einem guten Ruf vor allem in der Gemeinde.

Keiner dieser Beweggründe vermag jenes unablässige Vorwärtsstreben zu bedingen, das für Paulus so charakteristisch war und dies auch für uns sein sollte. Das Verlangen nach einem angepaßten Lebensstil oder einem guten Ruf reicht natürlich lange nicht an den Maßstab der Vollkommenheit heran, den Paulus anlegt. Andere Ziele, wie das Verlangen nach Sieg und einem positiven Selbstwertgefühl, sind gänzlich selbstzentriert. Statt uns anzutreiben, führen sie oft in den Zwiespalt zwischen zwei selbstzentrierten Wünschen: dem positiven Selbstverständnis und den fleischlichen Lüsten.

Unser modernes Streben nach einem „positiven Selbstverständnis" hat ganz und gar nichts mit rechter

Selbstachtung zu tun, stützt es sich doch auf sich selbst, die eigenen Bemühungen oder die Anerkennung anderer. Rechte Selbstachtung hingegen leitet sich von Gott und seiner Gnade ab. Geistliche Selbstachtung wird dort möglich, wo wir die eigene Gottebenbildlichkeit ernstnehmen und um unser Angenommensein allein aufgrund des Werkes Jesu Christi wissen. Nichts, was wir jemals tun könnten, wird Gottes Liebe zu uns vergrößern oder verkleinern. Er hat einen Plan mit unserem Leben und wird uns durch seinen Geist befähigen, diesen Plan auszuführen.

Wer die rechte Selbstachtung hat, weiß, in seinem sündigen Wesen wohnt nichts Gutes. Aber ihn kann nichts, nicht einmal seine Sünde und sein Versagen, von Gottes Liebe scheiden. Da Gott ihn aus reiner Gnade angenommen hat, nimmt auch er sich selbst auf derselben Basis an: aufgrund der Gnade Gottes. Er findet seine Selbstachtung nicht in sich selbst, sondern in Christus. Er strebt auf das Ziel zu, nicht um Anerkennung zu finden, sondern weil er bereits Gottes Anerkennung gefunden hat.

Die erste motivierende Kraft war für Paulus somit das Verlangen, zu ergreifen, wozu er von Christus ergriffen war. Er strebte Vollkommenheit im geistlichen Wesen an, obwohl er sie in diesem Leben niemals erreichen würde. Doch eben dazu war Jesus für ihn gestorben und so sehnte er sich nach der Erfüllung von Gottes Ziel in seinem Leben, um Jesus Christus wohlzugefallen. Dasselbe ehrliche Verlangen soll auch uns heute vorwärtstreiben.

Das Verlangen nach der himmlischen Belohnung

Paulus strebte nicht nur nach dem Ziel Christi; er jagte auch nach dem Kampfpreis, zu dem Gott ihn in Christus Jesus berufen hat. Was ist dieser Preis, der Paulus dazu motivierte, so unablässig vorwärtszustreben? Jac J. Müller meint dazu: „Der Preis dieser Berufung, um den er mit aller Kraft kämpft, ist die ewige, himmlische Herrlichkeit."[1] Paulus wußte um seine himmlische Staatsbürgerschaft, und er strebte vorwärts, um diesen Preis zu gewinnen. Er richtete seinen

Sinn nicht auf die Dinge dieser Welt, sondern auf die Herrlichkeit, die ihm gehören würde, sobald Christus seinen niedrigen Leib verwandeln und dem verherrlichten Leib Christi gleichgestalten würde.

Besaß denn Paulus nicht die Zusicherung, diesen Preis der ewigen Herrlichkeit zu erhalten? Kann man mit derartigem Einsatz vorwärtsstreben, um zu erhalten, was man als Geschenk der Gnade Gottes bereits besitzt? Die Herrlichkeit des ewigen Lebens erhalten wir einzig und allein aufgrund des Erlösungswerkes Christi am Kreuz. Daran läßt die Bibel keinen Zweifel. Das ewige Leben ist ein Geschenk Gottes (Römer 6,23); es gehört uns aus Gnade durch den Glauben, nicht aus Werken (Epheser 2,8-9). Dennoch dürfen wir dieses Geschenk nicht selbstverständlich nehmen. Wahre Gnade führt immer zu Wachsamkeit, nicht Selbstgefälligkeit; sie bewirkt Ausharren statt Unverschämtheit. Der erlösende Glaube zeigt sich im Jagen nach dem himmlischen Ziel.

Derselbe Heiland, der sagt: „Ich gebe ihnen das ewige Leben, und sie gehen nicht verloren in Ewigkeit" (Johannes 10,28) mahnt an anderer Stelle: „Ringt danach, durch die enge Pforte einzugehen; denn viele, sage ich euch, werden einzugehen suchen und werden es nicht vermögen" (Lukas 13,24). Derselbe Apostel Petrus, der ausruft: „Gepriesen sei der Gott , der nach seiner großen Barmherzigkeit uns wiedergeboren hat ... zu einem unvergänglichen ... Erbteil" (1. Petrus 1,3-4) befiehlt uns: „Darum, Brüder, befleißigt euch um so mehr, eure Berufung und Erwählung fest zu machen" (2. Petrus 1,10). Auch Paulus selbst ist überzeugt, „daß (nichts) uns wird scheiden können von der Liebe Gottes, die in Christus Jesus ist, unserem Herrn" (Römer 8,38-39), sagt aber an anderer Stelle: „Ich zerschlage meinen Leib und knechte ihn, damit ich nicht, nachdem ich anderen gepredigt, selbst verwerflich werde" (1. Korinther 9,27).

Über diese Korintherstelle schreibt Charles Hodge:

Was für eine starke Zurechtweisung liegt in diesem Vers! Die selbstsicheren und unbedachten Korinther glaubten, sie könnten ohne weiteres die Sünde bis zur Spitze treiben, während der disziplinierte Apostel

einen lebenslangen Kampf um seine Erlösung führte.
Derselbe Apostel, der nach dem Prinzip lebte, selbst
die Gerechten würden kaum errettet und dem Reich
der Himmel werde Gewalt angetan, bricht an anderen
Stellen in die freudigsten Ausrufe der Heilsgewißheit
aus ... Erstere Geisteshaltung ist die notwendige
Vorbedingung für letztere.[2]

Das ist der große Gegensatz im Neuen Testament: der
scheinbare Widerspruch zwischen Gnade und persönlicher
Verantwortung. Aber der Gegensatz besteht und mögen wir
uns davor hüten, in eines der beiden Extreme zu fallen.

Hier geht es Paulus nicht um theologische Spielereien! Er
gewährt uns einen tiefen Einblick in die innersten
Beweggründe seiner Seele, das Geheimnis seines unablässigen
Strebens nach dem Ziel. Was ist dieser innerste Beweggrund?
Das ist die himmlische Herrlichkeit.

In zahllosen Stellen verweist uns die Bibel auf die
himmlische Herrlichkeit als Motivation zum Ausharren (siehe
zum Beispiel Römer 5,1-5; 2. Korinther 5,1-5; Hebräer
12,22-29 und 1. Petrus 4,12-13). Thomas Manton, einer der
alten Meister aus der puritanischen Zeit, sagt von dieser
Motivation:

> Warum gibt Paulus sich ganz und gar nicht mit ein
> wenig Gnade zufrieden, sondern strebt so ernst und
> unablässig nach mehr? Er war zu einem hohen Preis
> berufen, zu einer herrlichen Belohnung. Vor uns liegt
> eine unbeschreibliche Herrlichkeit; dieser Lauf ist von
> größter Bedeutung. Oft sind die Christen so kalt und
> unbekümmert in ihrem geistlichen Leben, weil sie
> nicht oft genug an den Himmel denken.[3]

Wie sollen wir uns nun angesichts der Beweggründe des
Apostels Paulus verhalten? Sind wir im selben Maße von
Christi Liebe beseelt, um vorwärtszustreben nach dem Ziel
der göttlichen Vollkommenheit, um derentwillen Christus uns
ergriffen hat? Treibt uns die himmlische Herrlichkeit und die
Aussicht auf den Siegespreis vorwärts, um uns unablässig
nach dem auszustrecken, was vorn ist? Wir haben
verschiedene Wesenszüge eines geistlichen Charakters

untersucht. Hier aber finden wir zwei allumfassende Wesenszüge, die den Gottseligen auszeichnen. Sein Bemühen gilt dem Ziel Christi für ihn und sein Blick ist himmelwärts gerichtet. In seiner Hingabe lebt er gottzentriert, in seinem Charakter strebt er nach Gottgleichheit.

In Philipper 3,12-14 liegt Paulus noch voll im Rennen. In 2. Timotheus 4,7 hat er dieses Rennen bereits hinter sich: „Ich habe den guten Kampf gekämpft, ich habe den Lauf vollendet, ich habe den Glauben bewahrt." Lieber Leser, wenn Sie und ich am Ende unseres Lebens angekommen sind, werden auch wir dann diese Worte ausstoßen können? Dazu müssen wir den Befehl in 1. Timotheus 4,7-8 ernstnehmen: „Übe dich zur Gottseligkeit" und die dazugehörige Verheißung beachten: „Die Gottseligkeit aber ist zu allen Dingen nütze, weil sie die Verheißung des Lebens hat, des jetzigen und des zukünftigen."

Anmerkungen

1. Müller: „The Epistles of Paul to the Philippians and to Philemon", in: *The New International Commentary on the New Testament*, S. 124

2. Hodge: *An Exposition of the First Epistle to the Corinthians* (Edinburgh: The Banner of Truth Trust 1959), S. 169

3. Thomas Manton: *The Complete Works of Thomas Manton*, Bd. 16 (Worthington, Penn.: Maranatha Publications, ohne Dat.), S. 178